JN288626

16歳からの〈こころ〉学

「あなた」と「わたし」と「世界」をめぐって

高岡健
Takaoka Ken

青灯社

16歳からの〈こころ〉学

――「あなた」と「わたし」と「世界」をめぐって

装幀　菊地信義

はじめに

私たちの誰もが、自分の中に〈こころ〉を持っていることを、自明のように感じている。しかし、〈こころ〉を肉眼で見た人も、顕微鏡で覗きこんだ人も、誰一人としていない。このこともまた、自明のことがらに属する。

それにもかかわらずというべきか、それゆえにというべきか、〈こころ〉に対する関心は、高まる一方だ。

人類の歴史が複雑化へと向かうにつれて、人々はまず、国家と貨幣と共同体に目を向け、それらを解明しようとしてきた。その作業が終わらないうちに、〈こころ〉がクローズアップされる。言いかえれば、〈こころ〉がゆらぎはじめたと、人々は感じはじめたのである。

なぜだろうか。

すぐに思いあたるのは、〈世界〉の中に生きる〈わたし〉が、どんどん見えにくくなっているという事実だ。すると、〈わたし〉の表面を、不安が覆いつくすことになる。

もう一つは、〈わたし〉が退却し防禦される場所を、見出すことが難しくなっているという事実だ。逆の言い方をするなら、〈わたし〉が〈世界〉へ向けて出立するまでの間、見守り防禦してくれる〈あなた〉の存在が、ゆらいでいるということだ。

こうしてみると、〈こころ〉のゆらぎは、〈世界〉と〈わたし〉と〈あなた〉という三つの曲面から生じていることになる。これらの三曲面を計量するには、国家や貨幣や共同体を解明する場合と同じく、抽象力を用いるしかない。

抽象的な考えをめぐらせる能力は、一〇歳あたりから芽生え、一五歳頃におよその完成をみる。医学や心理学の世界で流布された、この発達学説に大きな誤りがないなら、早熟な中学生たちはすでに、〈わたし〉とは何か、〈世界〉とは何かという問いに直面し、回答を手に入れようとして、急ぎ考えはじめているはずだ。

一九六〇年代末の中学生たちが、そうだった。一四歳のある少女は、東京工業大学の寮で開かれた中学生の会議に参加し、その帰り道に、『共産党宣言』[i]と書かれた薄い本を買った。

《ページをめくったとたん、これはだめだと思った。字が小さい。漢字が多い。しかも旧漢字。そのうえ、並んでいるのは日本語なのに知らない単語ばかり。読むだけならなんとか読めるが、意味はさっぱり、まるでわからない。一ページ読んであきらめた。そして、今日出会った彼らは、この本を本当に理解できるのだろうかと考えた。そうだとしたら、それはまったく、たいしたことであった。》――『ねじれた家　帰りたくない家』

それでも少女は、この本の勉強会に出かけていった。勉強会へ行く以上、少しはわかっていないとまずいと思い、電車の中でまた、その本を開いた。

せいいっぱいの背伸びをしながら、〈わたし〉と〈世界〉を手に入れようとする、群像たちの一人の姿が浮かんでくる。そして、そのはるかな底には、〈あなた〉をめぐる葛藤が隠されている。だから、この少女は、『聖少女』(ii)も愛読していた。

ところで、それほど早熟ではなかった私も、同じ時代に、旧漢字が印刷された薄い本と、それよりはやや厚い本を、はじめて手にしていた。たしか、それらの本の中では、「党」には「黨」、「議会」には「議會」という活字が、用いられていた。

私の記憶に間違いがなければ、薄い本は『ゴータ綱領批判』[iii]で、やや厚い本は『ブリュメール十八日』[iv]だったはずだ。その一方で、やはり私も、倉橋由美子の小説が持つ、まぶしい虚構を覗きこんでいた。

ただし、そのときの私は、もはや中学生ではなく、高校生になっていた。今から思えば、早熟とはいえない人間にとって、一六歳という年齢は、〈わたし〉と〈世界〉を手に入れるために、せいいっぱいの背伸びをしうる、スタートラインだったのではないか。もちろん、その底流には〈あなた〉の姿が見え隠れしていたはずだ。にもかかわらず、それに気づかないまま、背伸びしつづけていたのだが。

本書のタイトルに「一六歳」という年齢を冠したのは、このような理由によっている。言い換えるなら、大人の高みに立って「一六歳」を啓発するようなスタンスとは、無縁ということだ。

読みすすめていただければわかるように、本書は、〈あなた〉と〈わたし〉と〈世界〉をキー・コンセプトとして、〈こころ〉を位置づけている。また、その考察を、誰もが(少なくとも題名だけは)知っている文学作品に依拠しながら、展開している。

物理学が普遍的な拡がりを持っているように、文学が個別的な深みを持っていることに疑いはない。その深みの中にのみ、〈こころ〉学の抽出は、はじめて可能になる。〈こころ〉学は、心理学ではないし、精神医学とも異なる。どこかで、両者を参照してはいても、それらを超えようとする試みを、この言葉に内包させたいのだ。

今では見えにくくなっているが、心理学と精神医学は、ともに戦争から生まれた。心理学は、戦場へ向かわされる兵士の資質を選別し、精神医学は、傷ついた兵士を補修する中で発展した分野なのである。

この本質は、ほんとうは今も変わらない。ただ、加えて現在では、戦場が市場社会へと置き換えられ、兵士が市民へと置き換えられる事態が、同時に進行しつつあるだけだ。ここに、心理学と精神医学を超える試みが、必要とされる理由がある。

どうか、背伸びをしながら読み、考えていただきたいと、心から願う。

(i) マルクス(第一章参照)とエンゲルスによって起草された、共産主義者同盟の一八四八年の綱領。「一つの怪物がヨーロッパをうろついている」という有名な一文から始まる。

(ii) 倉橋由美子(一九三五―二〇〇五)の小説。パパと未紀、未紀とK、Kと姉という、三つの関係が展開される作品である。

(iii) マルクスによる「ドイツ労働者党綱領評注」の通称。一八七五年ゴータ(ドイツの地名)大会のための綱領草案を批判した文書。

(ⅳ) 正式には「ルイ・ボナパルトのブリュメール十八日」と題された、マルクスによる著作。文化人類学者のレヴィ・ストロースは、「あらかじめ『ルイ・ボナパルトのブリュメール十八日』や『経済学批判』の何ページかを読んで、思考に活気を与えてから問題の解明にとりかかる」という。

目次

I　〈こころ〉の基本構造

第一章　〈こころ〉の成立——『春と修羅』と『よだかの星』

〈こころ〉の発生（1）

〈こころ〉とは何か。宮沢賢治[1]の『春と修羅』第一集「序」は、この問いに対して、もっとも正確に答えている作品だ。

《わたくしといふ現象は
仮定された有機交流電燈の
ひとつの青い照明です
（あらゆる透明な幽霊の複合体）

風景やみんなといつしよに
せはしくせはしく明滅しながら
いかにもたしかにともりつづける
因果交流電燈の
ひとつの青い照明です
（ひかりはたもち　その電燈は失われ）》――『春と修羅』第一集「序」

劈頭に賢治が書きつけた「わたくし」とは、自分という意味ではなく、人間という生物一般を指している。そう考えるなら、「わたくしといふ現象」とは、生物としての人間が〈こころ〉を持つに至る、過程を意味することになる。

人間が〈こころ〉を持つに至る過程を、賢治は「仮定された有機交流」と呼んでいる。「有機」とは人間のことであり、「交流」とは人間と自然との交流にほかならない。

すると、この詩の意味を、次のように翻訳することができる。

〈こころ〉は、人間と自然とが交流するなかで発生する、目に視えない現象である。幽霊のように消えやすいものではあるが、〈こころ〉を抽象的に仮定し、記録することは可

能だ。

（1）みやざわけんじ（一八九六―一九三三）：一九二〇年に盛岡高等農林学校地質学研究科を修了、日蓮主義の国柱会に入会し布教につとめた。『春と修羅』第一集「序」は、一九二四年の執筆。一九二六年には羅須地人協会を設立し、農村の青年や篤農家に稲作法、自然科学、農民芸術概論などを講義した。有名な「雨ニモマケズ」は、晩年の病床生活において、手帳に書かれた作品である。

〈こころ〉の発生（2）

〈こころ〉の記述を、賢治は心象スケッチと呼んだ。『春と修羅』第一集「序」には、次のような心象スケッチが、まっさきに記されている。

《これらについて人や銀河や修羅や海胆は
宇宙塵をたべ　または空気や塩水を呼吸しながら
それぞれ新鮮な本体論もかんがへませうが
それらも畢竟こゝろのひとつの風物です
たゞたしかに記録されたこれらのけしきは
記録されたそのとほりのこのけしきで

それが虚無ならば虚無自身がこのとほりで
ある程度まではみんなに共通いたします
（すべてがわたくしの中のみんなであるやうに
みんなのおのおののなかのすべてですから）》――前掲書

賢治は、人間以外の生物にも〈こころ〉はあると、言っていることになる。銀河や修羅（常に戦い続ける悪神）や海胆《うに》などの有機体は、宇宙塵・空気・塩水といった無機的自然と交流しているから、そこにはやはり〈こころ〉が生まれる。〈こころ〉は、目に見えないがゆえに虚無かもしれないが、それでも記録することはできる。

つまり、心象スケッチとは、自然の描写などではなく、不可視の〈こころ〉を考察するための、道具なのだ。賢治の詩は、このように高度な、抽象された意味を持っていた。

ここで、私たちは、「わたくしの中のみんな」「みんなのおのおののなかのすべて」という言葉に惹きつけられ、立ちどまることになる。もちろん、これらの言葉は、「一人はみんなのために」「みんなは一人のために」といった、陳腐で有害なスローガンとは、まったく関係がない。そうではなく、一人の人間は、抽象的な人類とも交流していると言っているのだ。

人間と同じく動植物も、自然と交流しているから〈こころ〉を持っている。人間の〈こころ〉が他の動植物の〈こころ〉と区別されるのは、人間が抽象的な人類全体とも交流しているからである。

これが、賢治の詩に内包されている意味だった。

〈こころ〉の発生（3）

賢治が詩の形で書きつけたものと同じ内容を、カール・マルクス[2]は、哲学の文章で記した。

「人間とは類的本質存在である」と、マルクスは述べる。そして、次のように続ける。このあたりは、少し難しく感じるところだが、あとで解説するから、まずそのままを読んでみよう。

《動物のばあいはもちろん、人間のばあいにしても、類的生活は肉体的にはまず第一に、（動物と同じく）人間が非有機的な自然によって生活する、ということの点に存しているのである。…(中略)…植物、動物、鉱物、空気、光線などは、理論的には、一方で自然科学の諸対象として、また他方で芸術の諸対象として、人間の意識の一部をなしている。》――『経済学–哲学手稿』

ここまでは、とくに説明は不要であろう。

動物も人間も、自然と交流するときに〈こころ〉を誕生させる。だが、動物と比べると、人間が生みだす〈こころ〉は、より高度化し、自然科学と芸術を誕生させる。言い換えるなら、動物は数学を駆使しえないが、人間にはそれができる。また、動物は詩を創りだせないが、人間にはそれができる。このようなマルクスの指摘は、動物の〈こころ〉と人間の〈こころ〉との間の、量的な違いを述べているに過ぎない。

しかし、次の記述になると、違いは量にとどまらず、質にまで及ぶことになる。

《動物はその生活活動と直接的に一体をなしている。…(中略)…だが、人間は自分の生活活動そのものを自分の意欲と意識の対象たらしめる。かれは意識的な生活活動をもつ。…(中略)…意識的な生活活動は人間を直接的に動物的な生活活動から区別する。ほかでもなくこのことによってはじめて、かれは類的な本質存在なのである。》――

前掲書

ひらたく言いなおしてみよう。

動物も人間も、自然と交流している。自然には、動物の生命や人間の生命が含まれている。だから、動物も人間も、自らの生命と交流している。たとえば、子を産み、育て、死んでいく。ここまでに限れば、動物と人間との間に違いはない。

しかし、動物と異なり、人間は自分自身の生命について考えることができる。たとえば、肉体を美としてとらえ彫刻作品を創るし、死を遠ざけようとして医薬品を開発する。こうして、人間は、抽象的な人間全体とも関わるようになる。

つまり、賢治とマルクスは、同じ内容を指摘しているといってよい。**人間が動物と区別されるのは、人間が人間自身について考え、関わるという点においてだ。一人の人間が自分自身について考え関わるとき、動物とは違った質の〈こころ〉が生まれる。こうして生まれた抽象的な〈こころ〉こそが、人間固有の〈こころ〉にほかならない。**

(2) Karl Marx(一八一三—一八八三):『経済学–哲学手稿』は一八四四年の発表。一八四七年に共産主義者同盟に加入。一八四九年には追放令を通告され、ドイツからロンドンへと移ったあと、大英博物館で『資本論』を執筆した。

〈わたし〉の誕生（1）

だが、一人の人間が自分自身について考え関わるという、動物とは違った抽象的な〈こころ〉の動きは、ただちに変容を被ることになる。このことを、マルクスは「動物にたいするかれの長所を短所にかえてしまう」と表現している。

具体的には、次の通りだ。

《一般的にいって、「人間の類的本質存在が人間から疎外されている」という文章の意味は、ある人間が他の人間から、またかれらの双方が人間的本質存在から疎外されているということである。人間の疎外は、したがってさらに一般的にいえば、人間が自分自身にたいしてとるもろもろの関係は、人間が他の人間にたいしてとる関係のうちにはじめて実現し、かつ表現されるものである。》——前掲書

「疎外」という言葉は、「自分の手の内にあったはずのものが、自分の手を離れて遠ざかっていくこと」というほどの意味で、とらえておけばいい。そうすると、この箇所は、

「一人の人間が自分自身について考え関わっていたはずなのに、いつのまにか自分自身が抽象的な人間一般からがんじがらめにされてしまっている」という事態を、指摘していることになる。

では、抽象的な人間一般とは何か。そして、自分自身が抽象的な人間一般からがんじがらめにされる事態とは、どのような事態なのか。これらの問いに対して答えているのは、やはり宮沢賢治である。

よく知られた賢治の作品である、『よだかの星』をとりあげてみよう。

よだかは、実にみにくい鳥だった。顔はまだらで、くちばしは耳まで裂けていた。また、よだかは、鷹の兄弟でも親類でもなく、かわせみや蜂すずめの兄だった。それでも「たか」という名がついたのは、羽が強く鷹のように見えたからであり、鳴き声が鋭く鷹に似ていたからだった。

鷹は、それを嫌がり、よだかに「名前を変えろ」と要求する。要求されたよだかは、「鷹さん。それはあんまり無理です。私の名前は私が勝手につけたのではありません。神さまから下さったのです」と弁明する。しかし、鷹は、重ねて「市蔵」へと名前を変えろと要求し、首へ「市蔵」と書いた札をぶらさげろと強いる――。

ここでは、よだかも鷹も、またかわせみや蜂すずめも、固有名詞として扱われていると考えてよい。作品中に複数のよだかが登場するわけではないし、複数の鷹が会議を開いて何かを決定したわけでもないからだ。加えて、よだかも鷹も、動物というよりは、擬人化された存在として描かれていることは、いうまでもない。

ところで、擬人化された鷹とよだかとの間のやりとりをたどると、私たちがふだん、当たり前のように扱っている「名前」について、根源的な疑問が呈示されていることに気がつく。それは、名前をつけるのは誰なのかという疑問にほかならない。

固有名詞を与えることができる存在は、よだかの言うように「神さま」だけなのか。それとも、鷹のような単なる他者が、自由に名前を与奪できるものなのか。そういう疑問である。

はっきりしている事実が、一つだけある。**一人の人間は、この世に生まれた後の一定期間に限っては、自分自身に対して固有名詞を与えることができない。一人の人間に名前を与えることができるのは、さしあたり、その人間以外の何ものかだけなのである。**

〈わたし〉の誕生（2）

では、一人の人間に名前を与える存在とは誰か。

私たちは、両親によって固有名詞を与えられたことを知っている。その名前は、一定以上の年齢に達した後、ペンネームなどの形で、自ら変更を加えるまでは続く。すると、一人の人間に名前を与える存在とは、「神さま」や鷹のような他者ではなく、両親なのではないか。

しかし、そうであるとは断言できない。ある一組の夫婦が子どもの名前を考えている場面を、想像してみよう。

たとえば、「祥平―祥一―祥子」といった、代々伝わる「祥」を含む名前を考える者たちがいる。あるいは、「紘介」のように、その時代の思想を体現した「八紘一宇」（世界は一つという意味の日本書紀に由来する言葉で、大平洋戦争中のスローガン）から一字をとって、命名する場合もある。これらは、両親がわが子の名を自由に考案しているように見えても、家系や時代思想に縛られて命名していることを示す例だ。

また、その時々のミュージシャンやスポーツ選手の名前からヒントを得て、命名する人たちもいる。さらに、「悠」や「愛」といった漢字に、価値観を託す人たちもいる。加えて、画数にわが子の幸せを込める人たちもいる。これらもまた、わが子の名を自由に考案しているように見えながら、何らかの共同の理念（たとえばミュージシャンやスポーツ選手が体現していると信じられているさわやかさ）に縛られた命名であることに違いはない。

このように見てくるなら、一人の人間に名前を与える存在とは、両親の見かけをとってはいても、本当は共同の理念であることがわかる。つまり、よだかと名づけた「神さま」とは、この共同の理念を体現した存在にほかならない。

同様に、「市蔵」と名前を変えるよう要求した鷹もまた、共同の理念を体現した存在である。鋭い爪とくちばしを持ち、青い空をどこまでも飛んでいくことに価値があるとされる世の中の理念を、体現しているということだ。その世の中では、鋭い爪もくちばしもなく、曇りの日か夜でないと飛べない存在は、無価値だということになる。こういう共同の理念を体現しているからこそ、鷹はよだかに対し「市蔵」と名を変えるよう強要しえたのである。

右に述べた共同の理念という言葉を、〈世界〉と言い換えることもできる。すると、改名を要求されたよだかとは、〈世界〉からがんじがらめにされた、一人の人間を意味していることになる。

では、〈世界〉からがんじがらめにされたよだかには、どんな道が残されているのだろうか。

鷹が体現する共同の理念にしたがうくらいなら、死んだほうがましだと、よだかは思った。そこで、太陽の方向へ飛んでいって焼け死のうとしたが、太陽は遠ざかり、それはかなわなかった。夜になり、オリオン座の方向へ飛んでいって焼け死のうとしたが、それも相手にされなかった。大犬座も大熊座も鷲座も同様だった。

よだかは、力を失い地に落ちていった。しかし、地面にたたきつけられる直前に、反転して、狼煙のように飛び上がった。そして、どこまでもまっすぐ空へのぼり、涙ぐんだ目を上げて空を見た。それが、よだかの最後だった――。

《それからしばらくたってよだかははっきりまなこをひらきました。そして自分のからだがいま燐の火のような青い美しい光になって、しずかに燃えているのを見ました。すぐ隣はカシオピア座でした。…(中略)…そしてよだかの星は燃えつづけました。いつまでもいつまでも燃えつづけました。今でもまだ燃えています。》――『よだかの星』

がんじがらめにした〈世界〉や、それを体現する他者から逃れようとすれば、そこには自死しか待ち受けていないように見える。擬人化された太陽系・オリオン座・大犬座・大熊座が、人類を構成する共同の理念を表していると考えるなら、自死とは、共同の理念に自分を溶解させることを意味する。

しかし、他にも一つだけ、がんじがらめにした人間一般から、逃れる道がある。それは、自らが単独で星になることだ。たとえカシオピア座の近くに位置しても、カシオピア座に溶解されない、単独の星として燃え続ける。燃え続けるとは、自分が自分に対して関わり、働きかけるということだ。そして、燃え続ける限りは自死とはいえない。そういう道である。

こうして、**〈世界〉から疎外された瞬間において、一人の人間は単独の存在に転化することが示された。このとき、一人の人間は、〈世界〉に対して考え関わるだけでなく、自分自身について考え関わることができるようになった。つまり、〈わたし〉が誕生したの**

である。

もう一つの〈わたし〉の誕生（1）

『春と修羅』『よだかの星』を記した宮沢賢治には、花巻高等女学校教諭の妹トシがいた。賢治が二六歳の年に、トシは病死した。「わたくしのけなげないもうと」「わたくしのやさしいいもうと」（『永訣の朝』）と詠われているとおり、トシは、賢治にとってかけがえのない女性だった。というよりも、その人生の中に女性の姿が登場することのない賢治にとっては、恋人といっていいほどの存在だった。

トシの死に臨んで、賢治は次のような詩を記した。

《わたくしが青ぐらい修羅をあるいてゐるとき
おまへはじぶんにさだめられたみちを
ひとりさびしく往かうとするか
信仰を一つにするたつたひとりのみちづれのわたくしが
あかるくつめたい精進のみちからかなしくつかれてゐて

毒草や蛍光菌のくらい野原をただよふとき
おまえはひとりどこへ行かうとするのだ》――『無声慟哭』

賢治は、単に大乗仏教の布教に携わっていただけではなかった。自らを「修羅」と思い定めることによって、〈世界〉と対峙しようとしていた。そのときに、トシの死に直面したのだ。

その前年に、賢治は父母の改宗を求めたが聞き入れられず、単独で上京していた。他方、トシは、賢治の短歌を筆写し選歌していた。だから、〈世界〉と対峙する賢治にとっては、トシだけが〈こころ〉の支えだった。

単独で〈世界〉と対峙すべきにもかかわらず、賢治はトシを支えにしていたのである。そのトシが、死へと向かうことによって、永遠に自分を置いていこうとしている。賢治は「慟哭」するほかなかった。

トシから別れを告げられたとき、賢治の〈こころ〉はどこへ向かっていったのだろうか。

彼は、詩を次のように展開する。

《《それでもからだくさえがべ？》
《うんにや　いつかう》
ほんたうにそんなことはない
かへつてここはなつののはらの
ちひさな白い花の匂でいつぱいだから
ただわたくしはそれをいま言へないのだ
（わたくしは修羅をあるいてゐるのだから）
わたくしのかなしさうな眼をしてゐるのは
わたくしのふたつのこころをみつめてゐるためだ
ああそんなに
かなしく眼をそらしてはいけない》――前掲書

トシが、「私の身体は悪臭がするでしょう」と問いかけている。「そんなことはない」と、賢治は応える。それどころか、夏の野原の白い花の匂いのようだと、ほんとうは応えたいのだが、それを口にすることはできない。なぜなら、自分は「修羅」として、〈世界〉

と対峙しようとしているのだから。

つまり、賢治は「修羅」として〈世界〉と対峙する道を、いっそう推し進めようと決意していた。それはトシとの別れを上回るような価値を持っていないことにも、賢治は気づいていた。だが、だからこそ、トシへ向かう〈こころ〉と、「修羅」として〈世界〉へ向かう〈こころ〉の二つを見つめたとき、悲しくなるというのである。その悲しさを放置すべきではない。そう賢治は詩に記した。

トシとの別れに際して賢治が記したものは、愛する人から離れられない〈こころ〉であると同時に、愛する人からの別れによって強いられる、普遍性へ向かう歩みだった。

こうしてみると、**〈わたし〉は、〈世界〉から疎外された瞬間ばかりではなく、愛する人である〈あなた〉からの別れによっても、誕生することがわかる。**つまり、二重の〈わたし〉が誕生しているのだ。

もう一つの〈わたし〉の誕生（2）

さらに詳しく考えてみよう。

トシの死後、賢治は二つの挽歌を詠んだ。そのうちの一つが、『青森挽歌』だ。この詩を詠んだ時点では、賢治はまだ、トシの死という現実を受け入れることが、十分にはできていない。そのため、次のように記すことになる。
《感ずることのあまり新鮮にすぎるとき
それをがいねん化することは
きちがひにならないための
生物体の一つの自衛作用だけれども
いつまでもまもつてばかりゐてはいけない
…（中略）…
《みんなむかしからのきやうだいなのだから
けつしてひとりをいのつてはいけない》
ああ　わたくしはけつしてさうしませんでした
あいつがなくなつてからあとのよるひる
わたくしはただの一どたりと
あいつだけがいいとこに行けばいいと

さういのりはしなかつたとおもひます》――『青森挽歌』

トシの死を前に、佇んでいるだけではいけない。〈世界〉の普遍性に向かって出立しなければならない。賢治は、そう決意している。しかし、それが正しい考えだと仮定しても、そこに何ほどの価値があるのか。そういう疑問を、この詩の読者は払拭しえないだろう。同じ疑問に、賢治もまた気づいていた。それは、もう一つの挽歌を読めばわかる。

《わたくしがまだとし子のことを考へてゐると
なぜおまへはそんなにひとりばかりの妹を
悼んでゐるかと遠いひとびとの表情が言ひ
またわたくしのなかでいふ
(Casual observer! Superficial traveler!)》――『オホーツク挽歌』

特定の人間に、いつまでもかかずらっていてはならない。そこを離れて、新しい〈世界〉へ旅立つべきだ。物事を深く考えない傍観者や、表面だけを撫ぜる行きずりの人なら、そう言いきることもできる。

だが、それは容易ではない。なぜなら、それは特定の〈あなた〉との関係を完全に棄てさることによって、はじめて可能になる旅立ちだからだ。

言い換えるなら、**〈わたし〉の誕生とは、それほど手放しで喜びうる事態ではない。〈わたし〉は、特定の人間である〈あなた〉からの別離と引き換えに成立する意味であって、それ自体の中に価値は含まれていないからである。**

〈わたし〉に価値が芽生えるためには、〈わたし〉がかけがえのない〈わたし〉になるまで、長い時間をさまようしかないのだ。

第一章のまとめとキーワード

〈こころ〉は、動植物や人間が、自然と交流するなかで発生する、目に見えない現象である。つまり、動植物も人間も、自然と交流しているがゆえに、〈こころ〉を持っている。

動植物の〈こころ〉と人間の〈こころ〉が区別されるのは、第一に、人間が抽象的な人類全体とも交流しているからである。また、第二に、人間が人間自身について考え関わるという点においても、動植物とは区別される。こうして生まれた抽象的な〈こころ〉が、人間固有の〈こころ〉である。

一人の人間は、この世に生まれた後の一定期間に限っては、自分自身を名づけることができない。一人の人間を名づけることができるのは、人間一般すなわち〈世界〉だけである。〈世界〉から疎外された瞬間において、一人の人間は単独の存在に転化する。このとき、一人の人間は、〈世界〉に対して考え関わるだけでなく、自分自身について考え関わることができるようになる。これが、〈わたし〉の誕生である。

同時に、〈わたし〉は、愛する〈あなた〉からの別れによっても誕生する。すなわち、〈わたし〉の誕生には、二重の瞬間がある。

ところで、〈わたし〉の誕生は、手放しで喜びうる事態ではない。〈わたし〉は、〈世界〉からの疎外と、〈あなた〉からの別離によって、はじめて成立する意味であり、それ自体の中に価値は含まれていないからである。〈わたし〉に価値が芽生えるためには、〈わたし〉がかけがえのない〈わたし〉になるまで、長い時間をさまようしかない。

キーワード：〈こころ〉　人間固有の〈こころ〉　〈世界〉からの疎外　〈あなた〉からの別離　〈わたし〉の誕生

第二章　〈こころ〉の消滅――『蝿の王』と『リンゴの木』

〈こころ〉の死（1）

宮沢賢治の童話においては、よだかは死の直前に反転して、永遠の〈わたし〉を手に入れることができた。星になることによって、人間一般（〈世界〉）からの脱出を成し遂げたのである。

一方、人間一般（〈世界〉）へ溶解してしまう形での死は、決して例外的な現象ではない。それどころか、私たちの周りには〈わたし〉が〈世界〉の中に溶解した死が、至るところに認められる。戦争、いじめ、環境保護の美名の下に行なわれる住民への規制などが、その例である。

それでは、どのようなときに、〈わたし〉は〈世界〉の中に溶解して、死を迎えるのか。第一の条件は、すぐに挙げることができる。それは、〈世界〉が閉じられているという条件だ。

ゴールディング[3]の『蝿の王』という少年漂流小説をとりあげてみよう。

架空の世界大戦中に、大勢のイギリスの少年たちが乗った飛行機が、孤島に不時着した。機体は火を噴き、操縦士は飛ばされていなくなった。少年たちは、挙手により、ラーフという少年を隊長に選んだ。ラーフたちは集会を開き、さまざまな分担やルールを決めた――。

ここまでは、順調なすべりだしだった。だが、島には「獣」がいるらしいという噂が広がり、少年たちは怯えるようになった。

しだいに、少年たちの間に溝が生まれはじめた。一方は、救助を求める目印として烽火を上げつづけることを重視する、ラーフたちのグループだ。他方は、肉を食べるための野豚狩りを重視する、ジャックたちのグループだ。後者は、合唱隊を改組した狩猟隊を中心に構成され、噂の「獣」に対する攻撃をも可能にする組織だった――。

孤島に不時着した瞬間から、〈世界〉が閉じられているという、第一の条件が成立していることは論をまたない。閉じられた〈世界〉を開こうとして、ラーフは、救助信号としての烽火を上げつづけることを重視した。それに対し、肉を入手すべく野豚狩りを重視するジャックは、閉じられた〈世界〉を開くことを考慮していなかった。だから、ジャックたちが主導権を握れば、孤島は閉じられたままの〈世界〉でありつづけるしかない。

それればかりではない。ジャックの狩猟隊は、野豚のほかに、噂だけで誰も見たことのない「獣」をも、狩りの対象として想定していた。つまり、〈世界〉にとっての敵を想定していたのである。敵を想定すると、〈世界〉の団結は強まるが、同時に、〈世界〉はいっそう強固に閉じられてしまう。

『蠅の王』を、もう少し読みすすめていこう。

烽火をおこそうとして大火になってしまったため、顔に痣のある小さな子が、巻きこまれて死亡した。少年たちは恐怖に襲われたが、隊長のラーフは「たぶん、あの子は帰ったんだよ」と、口ごもるだけだった。

それでも、大きい少年たちとは違って、六歳くらいのちびっ子たちは、自分たちだけの充実した団体生活を楽しんでいた。砂で城をつくり、石で標識をつくって飾った。そのうちの一人に対し、大きい少年たちは小石を投げつけて遊んだ。といっても、わざと当たらないように投げたのだった。なぜなら、孤島にはまだ、少年たちが文明社会から引きずってきた制約、つまり「両親と警官と法律の保護」が、消えてはいなかったからだ。

だが、その後の、大きな少年を相手にした「遊戯」になると、状況は少しずつ変化していく。ラーフとジャックが口論したあと、なぜか全員に円陣をつくらせ、一人の少年を野豚に見立てて、槍で突き刺すまねをする「おもしろい遊戯」が始まったのだ――。

《ジャックは彼（野豚に見立てられた少年・引用者註）の髪をつかみ、ナイフをふりまわしていた。その後に控えていたロジャー（大きい少年の一人・引用者註）も、彼に近づこうとして荒れ狂っていた。歌がいかにも儀式的な調子で始められたが、ちょうど舞踏か狩猟の終るときのそれのような調子であった。

「豚ヲ殺セ！　喉ヲカキ切レ！　豚ヲ殺セ！　殴リ殺セ」

ラーフも、近づこうとして荒れ狂っていた。》――『蠅の王』

文明社会から引きずってきた制約が、しだいに消えていく様子がわかる。つまり、閉じられた〈世界〉は、外部にあるはずの〈世界〉が持っている価値観から、限りなく隔絶されようとしているのだ。この隔絶こそが、〈わたし〉が〈世界〉の中に溶解して死を迎えるための、第二の条件にほかならない。

さらに、看過することのできない、もう一つの特徴も認められる。互いに対立していたラーフとジャックの二人さえもが、野豚に見立てられた一人の少年を前にすると、団結して他の少年たちとともに、荒れ狂ってしまうという特徴だ。

かつては〈世界〉の外部にいた敵（『蝿の王』の場合では「獣」）を、内部の敵へと置き換える。その上で、置き換えられた敵を犠牲にすることによって、残りの人々が団結する。このような構造は、〈わたし〉が〈世界〉の中に溶解して死を迎えるための、第三の条件を構成しているのである。

繰り返して記すなら、次の通りだ。

第一に、〈世界〉が閉じられると、全員の〈こころ〉にゆらぎが生じる。第二に、〈世界〉の価値観が外部と隔絶すれば、〈こころ〉のゆらぎは進行する。第三に、外部にいたはずの敵が内部に置き換えられると、〈こころ〉のゆらぎは決定的なものになる。こうして、〈わたし〉が〈世界〉の中に溶解し死へと至る条件が整うということだ。

（3）William Golding（一九一一—一九九三）：イギリスの元海軍軍人。『蝿の王』は、一九五四年のデビュー作である。一九八三年、ノーベル文学賞受賞。

〈こころ〉の死（2）

『蠅の王』の後半では、ラーフのグループとジャックのグループとの対立が、決定的になる。そして、ラーフたちは少数派へと転落し、多数派となったジャックたちは、顔に彩色をほどこした、蛮人へと変わっていく。

しかし、どちらのグループにも属さず、独立した行動をとる少年が、一人だけいた。サイモンという名の少年だ。大勢の前では声が出なくなるサイモンは、不思議な、変わったやつと評されていた。

多数派が少数派を追いつめつつある中、単独で行動していたサイモンは、棒切れの上に曝されている、豚の頭に出会った。多数派のジャックたちが、食用としての野豚を解体したあと、頭の部分だけを「獣」への贈り物として、棒に突き刺しておいたのだ。豚の頭の周りには、蠅の大群が飛びかっていた。

サイモンは、沈黙の声を通して、豚の頭と対話することになる――。

《「おまえはたった一人で何をここでしているのだね？　わたしが恐ろしくはないのか

ね?」

サイモンは頭を横に振った。

「おまえを助けようという者も一人もいないじゃないか? そうしようというのはわたしだけなんだよ。それに私は獣なんだよ」》

《「うん、棒切れの上に曝されている豚の頭さ」「獣を追っかけて殺せるなんておまえたちが考えたなんて馬鹿げた話さ!」と、その豚の頭はいった。…(中略)…「おまえはそのことは知ってたのじゃないのか? わたしはおまえたちの一部なんだよ。お前たちの奥のほうにいるんだよ? どうして何もかもだめなのか、どうして今のようになってしまったのか、それはみんなわたしのせいなんだよ」》——前掲書

「獣」を追いかけて殺そうとすることが、どうして馬鹿げているのか。また、「獣」がサイモンたちの奥にいるとは、どういうことなのか。そして、何よりも、そのために今のような事態が生じているとは、何を意味しているのか。さまざまな疑問が浮かんでくる。はっきりしていることが一つだけある。「獣」は、単独の人間の中にいるのではない。

複数の人間たちから構成される〈世界〉の奥に、潜んでいるということだ。そうすると、「獣」を殺そうとするなら、〈世界〉を解体するしかない。言い換えるなら、〈世界〉をそのままにしておいて、「獣」を殺せるわけがない。可能な方法があるとするなら、「獣」が動きださないようにしておくことくらいだ。

それなのに、少年たちは、〈わたし〉が〈世界〉の中に溶解してしまう三つの条件をつくりだしてしまった。こうなると「獣」は動きはじめ、少年たちの中から一人ずつ、犠牲者が選びだされてしまう。それが、サイモンと豚の頭との間で交わされた、対話の意味だった。

対話の後、サイモンは倒れ、意識を失った。再び意識を回復したサイモンは、蔓草の間を通り抜け、空き地へと出た。そこで、サイモンは、パラシュートの青い布をだらりとさげた屍骸が、山頂から彼を見下ろしているのを見つけた。戦争で撃墜された飛行兵の死体だった。これが、少年たちの恐れていた「獣」の正体だと気づいたサイモンは、他の少年たちに知らせようと駆けていった。

しかし、ジャックを中心とする少年たちは、「おれたちのダンスをやろう！」という呼びかけで、輪になって踊りはじめていた。そこへ、サイモンが現れたのだ――。

《「こいつだ！　こいつだ！」

その輪は馬蹄形になった。そのとき、ある何ものかが森の中から這うようにして出てきた。それは暗く、はっきりと見分けのつかないものであった。…（中略）…その獣は彼らの馬蹄形の陣の中へ転がりこんだ。

「獣ヲ殺セ！　ソノ喉ヲ切レ！　血ヲ流セ！」

夜空をつんざく青白い稲妻は絶え間なく続き、轟音は堪えられぬほどだった。サイモンは、山の上にある人間の死骸のことを、何かしきりに喚いていた。

「獣ヲ殺セ！　ソノ喉ヲ切レ！　血ヲ流セ！　殺《ヤ》ッツケロ！」

棒切れが振り下ろされ、新しく円陣を作った少年たちは口々に噛みつき、絶叫していた。》——前掲書

冷静なサイモンは、「獣」の正体が飛行兵の死体であることを知らせようとした。しかし、熱狂しダンスを踊る少年たちは、その奥に「獣」を潜ませていた。もちろん、「獣」とは、一人ひとりがもつ残酷さ＝獣性のことではない。共同の〈世界〉を形成したとき、その〈世界〉が必然的に胚胎する暴力が、「獣」なのだ。

その証拠に、サイモン殺害に手を染めた者たちは、多数派であるジャックのグループだけではなかったことが、後に明らかになる。少数派のラーフたちもまた、外側からではあったが、「ダンス」に加わっていたのだ。

このように、**共同の〈世界〉は、それが戴く理念の正否とはかかわりなく、必然的に個々の人間を抹殺する暴力を胚胎する。この暴力は、〈わたし〉を〈世界〉に溶解させるがゆえに、個々の人間に現実の死をもたらす。そして、いかに冷静な人間であっても、この暴力の犠牲になりうる**のである。

〈世界〉からもたらされる死と〈わたし〉

ここで、いくつかの例を、ある種の戯画として挙げてみることにする。いまの時代では、〈世界〉と〈わたし〉をめぐる戯画は、環境と健康の装いをまとって現れる。

たとえば、「地球環境を守れ！」という宗教的理念を、ある地域の住民の一部が、声高に唱える場合がある。彼らは、ある場合には市民団体を名乗ってスーパーマーケットのレジ袋を削減しろと主張し、別の場合には町内会を名乗ってゴミの分別回収を徹底せよと主張する。

すると、国家は密かにほくそえむ。かつての大戦中の隣組に匹敵する、相互監視システムが、期せずしてできあがるからだ。こうなれば、政府は自称市民団体の声を受け入れ、町内会を誉めるだけで、地球環境保全に違反したとみなされる者を、取り締まることができるようになる。それらに対し、どこかおかしいと直感した知的民衆は、取り締りの対象として指弾される運命を免れない。

結局、知的民衆は、彼の理念や科学性の正否とはかかわりなく、地球環境保全の宗教に折伏されるか、あるいは、その地域からの転居を余儀なくされる。そして、どこに転居しても同じだと悟ったとき、『草枕』[4]（新潮文庫）の一節ではないが、芸術表現へ向かうしかなくなる。

ここでいう芸術表現とは、〈世界〉ではなく、〈わたし〉の表現を意味する。もちろん、地域を追われることと、直接的に生命を奪われることとは、同じではないかもしれない。しかし、居場所の剥奪は、実質的には死をもたらす行為であることに、疑いはないだろう。よだかや『蠅の王』のサイモンがそうだったように、死と引き換えにもたらされるものは、〈わたし〉なのである。

健康についても同様である。たとえば、政権交代を唱え、それに成功した政党の税制調査会は、健康確保の観点から、課税方式を抜本的に見直すと発表している。酒税ではアルコール度数、たばこ税ではタール含有量に応じた課税を行なうというのだ。

それを聞いて、私は、そのうちに脂肪酸の量に応じて苺ケーキと餡ドーナツに課税し、カフェインの量に応じて喫茶店のコーヒーとペットボトルの緑茶にも課税するに違いないと、皮肉ではなく思ってしまった。

自分たちが智恵を出して開発した、発泡酒や第三のビールへの課税を強化することには反対だという技術者の主張は、歯牙にもかけられない。アメリカの禁煙運動は、移民法改正による外国人締め出しと並行して強化されたものだという知識人の指摘も、無視される。なにしろ、国民が狂乱しているのだから、国家が一人ひとりの国民に指図することを許す真の恐怖は、考慮の外になってしまう。

ここで〈わたし〉を守ろうとすれば、文章に〈わたし〉を託すしかなくなる。

映画『一七歳のカルテ』(5)の原作者であるスザンナ・ケイセンは、安心してタバコを吸うために作家になった。単に書斎は喫煙自由だから、という理由からだけではない。かつて「境界性人格障害」という診断でアメリカ社会から排除され、思春期病棟へ閉じ込められたように、スザンナは、いまは「ニコチン依存」というラベリングにより、再びアメリカ社会から排除されようとしている。

この動きに拮抗しようとすれば、〈世界〉から脱出して〈わたし〉へと向かうしかない。それが、『一七歳のカルテ』の原作者が、選んだ道だった。ここでも、社会からもたらされる死と引き換えに、はじめて〈わたし〉の成立が可能になっているのである。

現在、環境と健康をめぐる宗教は、結合の動きを見せている。次のような新聞報道を読むと、そのことがよくわかる。

《肥満の人の割合が全世界で欧米並みに高まると、一〇億人当たりの温室効果ガス排出量は二酸化炭素（CO_2）換算で最大一〇億トン増えるとの試算を、英ロンドン大衛生熱帯医学校がまとめた。食料生産に必要なエネルギーや、車の燃料消費の増加が原因。》――『毎日新聞』二〇〇九年五月六日

笑い話が記されているのではない。大真面目な報道なのだ[6]。こういう研究を、批判のコメントなしに報道するようになっては、この新聞もおしまいだ。

喫煙して早死にする自由（愚行権という）の主張を回避するために、受動喫煙という概念を持ちだし統計学を動員したのと同じ構図が、登場したのである。つまり、肥満による

健康悪化の権利を指弾するため、地球環境が持ちだされたということだ。もちろん、それをもっともらしく見せかけるためには、統計学を動員するしかない。国民を統計学によって管理する生-政治(7)が、加速しているのである。

ところで、体型差別と闘う、ファット・アクティビストと呼ばれる活動家がいるという。そのうちの一人の女性は、元ホームレスや障害者を語り手とする、アメリカ西海岸サンタモニカの集会で、「私は博士号もあり、幸せに結婚している。美と知性を認められて当然な一人の人間なの」と訴えたという(『毎日新聞』二〇〇九年五月三日)。

だが、こういう訴えは、生-政治学の前に屈服してしまうだろう。なぜなら、博士号と結婚はアメリカ社会の公認価値に過ぎないため、地球環境という上位の公認価値にしたがうほかはないからだ。こうしてファット・アクティビストたちはばらばらにされ、個々の活動家は社会的死と引き換えにしか、〈わたし〉を手に入れることができなくなる。

要するに、**〈世界〉の理念が正当であるか否かとは関わりなく、個々の人間は〈世界〉に解消されることによって、死を宣告される。そして、その瞬間に〈世界〉から脱出しようとする者だけが、かろうじて〈わたし〉へと向かう資格を手にすることができる**のである。

（4）夏目漱石の一九〇六年の作品。冒頭の「山路を登りながら、こう考えた。智に働けば角が立つ」以下の部分は特に有名であり、「どこへ越しても住みにくいと悟った時、詩が生れて、画が出来る」と記されている。

（5）原作の翻訳は『思春期病棟の少女たち』（草思社）。原作者のスザンナ・ケイセンは、境界性人格障害と診断され強制入院させられた。彼女は、「いまでは喫煙者差別がある。それもあって、わたしは作家になった。安心してタバコが吸えるように」と記している。

（6）ちなみに太宰治は、『人間失格』の中で、この新聞記事のような計算方法を、「科学の嘘」「統計の嘘」という言葉で揶揄している。

（7）フーコーは、軍隊や学校を通じて国民を規律により管理する方法を解剖‐政治学と呼び、統計数値を用いて管理する方法を生‐政治学と呼んだ。両者をあわせて生‐権力という。

類と個

共同の〈世界〉が、個々の人間を抹殺することを必然とするのであれば、そこから生きたまま逃れることは、不可能なのだろうか。共同の〈世界〉を最も広くとらえた場合の本質論については、マルクスが明瞭に答えを記している。

《人間なるものは、たとえかれがどれほどまで特殊的な個人であったにせよ――そしてまさしくかれの特殊性こそかれをして一個の個人たらしめ、かれをして現実的で個人的な共同体的本質存在たらしめているのだ――、同様に全体的性格のものである。》《かくして思惟と存在とはたしかに区別されはするのだけれど、しかし同時におたがいに統一されているのだ。

死というものは、限定された個人にたいする類の過酷な勝利であって、おたがいの統一に矛盾しているようにも見える。けれども、限定された個人とは、限定された類的本質存在にほかならないのであるから、そのようなものとして、死すべきものである。》――『経済学‐哲学手稿』

ひらたく言いなおしてみよう。個は類によって死すべき運命にある。つまり、個々の人間は、共同的な〈世界〉に飲みこまれ消滅するしかない。冷徹にも、マルクスは、そう語っていることになる。

マルクスは、右の引用部分の直前に、「特殊的な個人」の例として、学問（科学）や思想家の言語を挙げている。学問や言語といった、きわめて個人的に見える営為でさえも、類すなわち〈世界〉に飲みこまれてしまうということだ。

もちろん、だから個人は全体に奉仕せよといった、錯誤が語られているのではない。むしろ逆に、〈わたし〉と対立しない〈世界〉はありうるのかという、本質的問いが発せられているのだ。

残念ながら、この本質的問いに、実践で回答した人はいない。ただ、部分的な回答ならありうる。それは、先に述べた死をもたらす三つの条件を、極小化することだ。そうはいっても、極小化は類全体の範囲で行なわれるまでには至らず、相対的に小さな〈世界〉において、さしあたりは実行されうるのみである。

具体的には、次の通りだ。先のファット・アクティビストたちの例で考えてみよう。

まず、閉じられた活動家集団を、外部へ向かって開いていくことが必要である。この点に関しては、ファット・アクティビストたちは、元ホームレスや障害者たちとともに、集会を開いている。アメリカ社会から排除されがちな人たちへと組織を開くことによって、博士号と結婚というアメリカ社会の護符に象徴される、閉鎖的な価値観から脱出することが可能になる。

次に、右に記した内容と矛盾するように映るが、活動家集団内部の価値観を、外部社会の価値観に近似させることだ。ただし、それは環境保護といった宗教的理念を取り入れることを意味するものではないし、また博士号と結婚という基準を墨守することでもない。そうではなく、支配思想へ至っていない価値観に近似させることが必要なのである。たとえば、商取引における公正、消費による社会参加といった価値観である。

さらに、活動家集団は、個人を攻撃しないという原則を確立することだ。個人が集団内部にいようが外部にいようが、この原則は常に貫徹されねばならない。

第一に、〈世界〉を外部へと開放すること。第二に、〈世界〉の内部と外部の間での、価値観の乖離を極小化すること。第三に、〈世界〉と〈わたし〉との対立局面では、無条件に〈わたし〉を優先すること。これらによってのみ、類の内部での小さな〈世界〉は、〈わたし〉の死を回避できるようになるのである。

もう一つの〈こころ〉の死（1）

さて、愛する特定の人間である〈あなた〉からの別れによって生じる、〈わたし〉についての話に移ろう。このようにして生じた〈わたし〉は、それ自体の中に価値が含まれていないがゆえに、手放しで喜びうる事態ではないことについては、すでに述べたとおりだ。また、〈わたし〉に価値が芽生えるためには、〈わたし〉がかけがえのない〈わたし〉

になるまで、長い時間をさまようしかないことについても、予告しておいた。

別離から〈わたし〉へと至る過程については、別の場所[8]で論じたことがある。子どもから大人になろうとする時期に、まず、青年は年上の女性から別離を告げられ、不可思議な抽象的〈世界〉の入り口に取り残されて佇む。続いて、青年は自らの乏しい人生経験でも通じると錯覚し、同年齢の女性へ愛の気持ちを寄せるが、やはり別離を告げられることになる。こうして、青年は〈わたし〉と向き合う道を歩みはじめる。

〈あなた〉から別離を告げられることにより〈わたし〉へと向かう道筋は、優れた青春文学に少なからず認められる構造だ。

夏目漱石の『三四郎』[9]においては、小川三四郎という青年が、東京へ向かう汽車の中で出会った年上の女に指一本、触れることができず、「度胸のない方ですね」と言われ、別れを告げられる。次に、大学の池の端で見かけた若い女性（里見美禰子）との交流が始まるが、彼女は別の男性と結婚してしまう。こうして三四郎は現実を断念し、芸術や学問へと向かうことになる。

森鷗外の『青年』[10]においては、小泉純一青年に、年上の坂井夫人や、若い半玉（まだ一人前になる前の芸者）おちゃらからの別れがもたらされる。そして、別れの後に純一は、

「この寂しさの中から作品が生まれないにも限らない」と考えるようになる。

ちなみに、女性の場合も、男性からの別離によって〈わたし〉へと向かいはじめる点に、かわりはない。たとえば、山田詠美の小説『トラッシュ[11]』は、ブルーカラーの黒人男性との別れを思い出に変えることによって、現在の〈わたし〉を確立する女性の姿を描いている。

一方で、愛する人から別れを告げられるかわりに、愛する人へ別れを告げてしまう場合がある。ここでは、『リンゴの木[12]』という小説を取り上げてみよう。

大学を終えたアシャーストは、徒歩の旅でデヴォンシャーという場所を訪れた。そこで、彼は、ミーガンという一七歳の女性と出会った。彼女の住む家に滞在するにつれて、二人は互いに惹かれあうようになっていった。

リンゴの木の下で、二人は口づけを交わした。「おそばにいられたら、それでいいんですの」と言うミーガンに、アシャーストは「明日、僕、トーキィに行って、お金を少し手に入れて、人目をひかないような服を買ってあげる。それから、二人でそっと抜け出そう。ロンドンに行ってから、僕を本当に愛してくれているんだったら、すぐ結婚しようよ」と申し出る。

トーキィへ行ったアシャーストは、しかし、ミーガンの住む場所へは戻らなかった。友人と、その妹たちに出会ったからだ。待ちわびるミーガンは、ついにアシャーストを探しに、トーキィまでやってきた。アシャーストは、ミーガンの姿を見かけるが、声をかけることができなかった。

友人の妹たちのうちの一人と、アシャーストは結婚した。裕福な家に育った者同士の結婚だった。はるかな年月が経ち、銀婚式を迎えたアシャーストは、妻とともに、思い出の場所であるトーキィを訪れた。ミーガンのことは、すっかり忘れていた。

四八歳になっていたアシャーストは、弁当を石垣の下に置き、ポケットから一冊のギリシャ悲劇の本を取りだし、やがてそれを読み終えた――。

《うまくできてない動物なんだ、文明人という奴は！　あの美しいギリシャ人のコーラスに歌われた、「黄金のリンゴの木、歌うたう乙女たち、金色に映えるリンゴの実」のような、文明人の好く楽園はあり得ないのだ。

美的感覚をもった人間には、この世に到達できる理想郷も、永遠の幸福の港もあり得ないのだ――芸術品の中にとらえられて、永遠に記録され、見るか読むかすれば、常に同じ高貴な法悦感と安らかな陶酔とを与えてくれる美しさに及ぶものはあり得ないのだ。》――『リンゴの木』

これが、アシャーストの感慨だった。現実の人生は芸術よりも劣ると、彼は考えている。つまり、妻との裕福で平穏な生活に、必ずしも満足をおぼえていないということだ。**別れを告げられるかわりに、別れを告げてしまった人は、不全感をかかえたまま、残りの人生を歩むことを余儀なくされる。**とりあえず、そう結論づけておいてよさそうだ。

（8）高岡健『別れの精神哲学』（雲母書房）

（9）『三四郎』（新潮文庫）は、漱石の一九〇八年の作品。この作品に登場する美禰子が、「迷子の英訳を知っていらしって」「教えてあげましょうか」「迷える子《ストレイシープ》――解って？」と語るシーンは、特に有名である。

（10）鷗外の『青年』（岩波文庫）は、一九一〇年から一九一一年にかけて雑誌に連載された。漱石の『三四郎』を意識した作品であり、漱石を思わせる拊石《ふせき》という人物も登場する。

（11）ココという名の女性が、アルコール依存症の男性リックと生活し、別れた後、ゲイのバッキーや若い男性ランディと出会っていく小説が『トラッシュ』（文春文庫）である。

（12）ノーベル文学賞受賞作家であるゴールズワージー（一八六七―一九三三）の作品。翻訳としては、

もう一つの〈こころ〉の死（2）

では、はたしてアシャーストは、芸術に満足を見出しているのだろうか。見出そうとしているようには映る。ポケットにギリシャ悲劇の書物をしのばせ、コーラス(13)に想いをはせているからだ。

しかし、彼の芸術への思いは「常に同じ高貴な法悦感と安らかな陶酔」にとどまり、〈わたし〉へと至ることはない。なぜだろうか。

ミーガンを棄てた、罪悪感によるものでないことだけは確かだ。それでは、妻との裕福で平穏な生活が、あまりにも保守的であるからだろうか。そうかもしれない。だが、彼は、満足感をおぼえなくても、決して新たな冒険に踏み出そうとはしない。ただ、芸術の中に、自らが得られなかった何かを、見出したがっているだけだ。

結局、アシャーストは、芸術の中に〈わたし〉ではなく、〈あなた〉を求める結果に陥っているのである。正確にいえば、自ら〈あなた〉との別離を選んだ彼にとって、芸術は、〈あなた〉の代わりに「常に同じ高貴な法悦感と安らかな陶酔」を見出すだけのものに、ならざるをえなかったのである。

〈あなた〉から別離を告げられることによって、〈わたし〉は誕生する。しかし、〈あなた〉へ別離を告げた者は、〈わたし〉へと向かうことはできず、〈あなた〉の代理物を求めて、永遠にさまようしかない。これが、もう一つの〈こころ〉の死であり、裕福で平穏で保守的なアシャーストから、満足を奪った真の理由にほかならない。

言い換えるなら、アシャーストは、身体的には生きているが、〈こころ〉は死んだ状態にあった。それにもかかわらず、彼は自ら、そのことに気づかなかったのである。

この章の最後に付記しておけば、女性が男性に対し別離を告げた場合でも、事態は同様である。そのとき、女性は〈わたし〉へと向かうことはできず、〈あなた〉の代理物を求めつづけるしかない。そして、気づかないまま、その女性の〈こころ〉は死んでいくのである。

(13) ギリシャ悲劇の合唱隊はコロスと呼ばれる。コーラスは、そこから派生した言葉。

第二章のまとめとキーワード

〈世界〉が閉じられると、全員の〈こころ〉にゆらぎが生じる。また、〈世界〉の価値観が外部と隔絶すれば、〈こころ〉のゆらぎは進行する。そして、外部にいたはずの敵が内部へ置き換えられると、〈こころ〉のゆらぎは決定的なものになる。

〈こころ〉のゆらぎが決定的になると、〈世界〉は、理念の正否とはかかわりなく、個々の人間を抹殺する暴力を胚胎する。この暴力は、〈わたし〉を〈世界〉に溶解させるがゆえに、個々の人間に現実の死をもたらす。いかに冷静な人間であっても、この暴力の犠牲になりうるとともに、その瞬間に〈世界〉から脱出しようとする者だけが、かろうじて〈わたし〉へと向かう資格を手にすることができる。

一方、〈あなた〉から別れを告げられるかわりに、〈あなた〉へ別離を告げた者は、〈わたし〉へと向かうことはできず、〈あなた〉の代理物を求めて永遠にさまようしかない。これが、もう一つの〈こころ〉の死であり、身体は生きたままであるのに、〈こころ〉は死んでいるのである。

キーワード：〈こころ〉のゆらぎ　〈こころ〉の死　〈あなた〉の代理物　もう一つの〈こころ〉の死

Ⅱ 〈こころ〉の展開

第三章　幼年期・少年期・青年期の〈こころ〉――『思い出』と『人間失格』

〈あなた〉からのまなざし

生まれて間もない乳幼児にとって、最初に出会う〈あなた〉は、多くの場合、実の母親である。それに比べると少数だが、実の母親以外を主要な〈あなた〉として、育てられていく場合もある。後者の代表が、太宰治[14]だった。

作品集『晩年』に収められた自伝的小説『思い出』の中で、太宰は、「母に対しても私は親しめなかった。乳母の乳で育って叔母の懐で大きくなった私は、小学校の二三年のときまで母を知らなかったのである」と記している。

『思い出』によれば、幼い「私」のまわりには、曾祖母・祖母・父・母・兄三人・姉四人・弟一人・叔母・叔母の娘四人がいた。これらの人々のうち、「私」にとっての〈あなた〉たりえたのは、まず乳母であったはずだが、この作品中に乳母はほとんど登場しない。代わって最初の〈あなた〉として登場するのは、叔母である。

ある夜に「私」は、叔母が幼い「私」を捨て、家から出ていく夢を見た。

《その赤くふくれた大きい胸から、つぶつぶの汗がしたたっていた。叔母は、お前がいやになった、とあらあらしく呟くのである。私は叔母のその乳房に頬をよせて、そうしないでけんせ、と願いつつしきりに涙を流した。》——『思い出』

この夢を太宰が実際に見たのかどうかは、もちろん問題ではない。作品の中の心的な現実として、乳房を求める「私」を、叔母が捨てようとしたということが重要なのだ。つまり、最初の〈あなた〉から捨てられる不安に、小説の中の「私」は、さいなまれていたことになる。

最初の〈あなた〉から捨てられないために、「私」が選んだ方法は、〈あなた〉を笑わせることだった。『思い出』の冒頭には、明治天皇の崩御に際して「てんしさまがお隠れになった」と教える叔母に対し、四歳の「私」が、知っていながら「どこへお隠れになったのだろう」と尋ね、笑わせるシーンが描かれている。

さて、「私」の見た夢は、正夢となった。叔母は、長女夫婦と末娘を連れて、遠くの町へ分家したからだ。

《私もついて行った。それは冬のことで、私は叔母と一緒に橇《そり》の隅《すみ》へうずくまっていると、橇の動きだす前に私のすぐ上の兄が、婿《むこ》、婿《むこ》と私を罵《ののし》って橇の幌《ほろ》の外から私の尻《しり》を何辺もつついた。私は歯を食いしばって此の屈辱にこらえた。私は叔母に貰われたのだと思っていたが、学校にはいるようになったら、また故郷へ返されたのである。》——前掲書

どれほど罵られようと、最初の〈あなた〉から離れたくない。それなのに、かつての夢が予知夢であったかのように、暴力的に〈あなた〉から引き剥がされたのだ。

それればかりではない。「私」には、もう一人の最初の〈あなた〉がいた。子守の「たけ」である。後の作品において、「ふらふら立って歩けるようになった頃、乳母にわかれて、その乳母の代りに子守としてやとわれたのが、たけである。私は夜は叔母に抱かれて寝たが、その他はいつも、たけと一緒に暮らしたのである」（『津軽』講談社文庫）と、太宰は記

している。

その「たけ」が、叔母と同じ時期にいなくなったのだ。

《或る漁村へ嫁に行ったのであるが、私がそのあとを追うだろうという懸念からか、私には何も言わずに突然いなくなった。その翌年だかのお盆のとき、たけは私のうちへ遊びに来たが、なんだかよそよそしくしていた。》――前掲書

二人目の〈あなた〉を、「私」は失ったことになる。笑わせるくらいでは、〈あなた〉をつなぎとめることが不可能になっていたのだ。

学校へあがった「私」は、笑わせることを超えて、しじゅう嘘をつくようになった。それらを、次に示してみる。

・雛祭りのとき、学校の先生に、家の人が「今日は雛さまを飾るのだから早く帰れ」と言っていると嘘をついて、授業を一時間も受けずに帰宅した。他方、家の人には、きょうは桃の節句だから学校は休みですと嘘をついて、雛を箱から出す手伝いをした。

・作文でも、でたらめを書いた。たとえば、学校の本など勉強したことは一回もないのに、「秋の夜に勉強していると、頭が痛くなったから庭に出た。隣部屋から母たちの笑い

声が聞こえると、頭痛は治っていた」と書いた。

・真実を書いたときもあった。父母が私を愛してくれないと書き綴ったときには、教員室へ呼ばれて叱られた。怖い戦争が起こったなら山の中へでも逃げようと書いたときには、どういう気持ちで書いたかと聞かれたので、ただ面白半分とごまかした――。

「私」の嘘には、関心を惹くためという目的ばかりでなく、変形された願望が含まれていることがわかる。雛祭りの嘘に関しては次項で触れることにするが、母たちの笑い声で頭痛が治ったという作文は、笑い声によって〈こころ〉をなごませる母がいてくれたなら、という願望の表現であろう。

また、父母が愛してくれないというのは、文字通りの真実であったと考えて間違いない。つまり、〈あなた〉としての母ないし父母を求めながら、それがかなえられないときに、悲しいまでの嘘がつかれる。そして、嘘の合間に悲しい真実が挟み込まれる。教師を含む大人たちは、嘘を真実と錯覚し、真実を嘘だと錯覚する。幼い「私」の〈こころ〉の表現は、このような入り組んだ構造を持っていた。

最初の〈あなた〉から引き離されることによって、仮面としての〈わたし〉が誕生していることがわかる。仮面としての〈わたし〉は、失われた〈あなた〉のまなざしを求め

て、ときに嘘を、ときに真実を、語りはじめるのである。

（14）だざいおさむ（一九〇九―一九四八）：『思い出』を含む第一創作集『晩年』のほか、『津軽』『惜別』など、広く読みつがれている作品が多い。生誕一〇〇年には、『斜陽』『パンドラの匣《はこ》』『ヴィヨンの妻』『人間失格』が映画化されている。

最初の〈あなた〉の周辺

前項に記したとおり、幼い「私」のまわりには、大勢の人たちがいた。その中には、もちろん父も母もいた。しかし、「父母の思い出は生憎と一つも持ち合わせない」と、太宰は作品中に記している。

「私」の父は忙しく、家にいることが少なかった。いても子どもたちとは交わらず、しかも、この父を「私」は恐れていた。また、母に親しめなかったことについては、すでに述べたとおりだ。

「私」の周囲には、父母のほかに祖母もいた。だが、祖母は、幼い「私」の不器用さが気にいらず、食事のたびごとに箸の持ち方を注意した。

つまり、周囲の人たちのほとんどが、「私」にとっての〈あなた〉とはなりえなかったことになる。

ただし、姉だけは違っていた。「私は姉たちには可愛がられた」と、太宰は記している。「私」の姉のうち、いちばん上の姉は死に、次の姉は嫁ぎ、あとの二人の姉は、それぞれ違う町の女学校へ通っていた。


《上の姉の学校は下の姉の学校よりも小さいまちにあったので、お土産も下の姉のそれに較べていつも貧しげだった。いつか上の姉が、なにもなくてえ、と顔を赤くして言いつつ線香花火を五束六束バスケットから出して私に与えたが、私はそのとき胸をしめつけられる思いがした。此の姉も亦きりょうがわるいとうちの人たちからいわれいわれしていたのである。》——前掲書

『思い出』の中では、姉に関する描写は、ほとんどこれだけだ。しかし、こういう姉がいたことによって、「私」がどれだけ救われたか、はかりしれない。短い描写が、かえってそう思わせる。読者は、自分にもこんな姉がいたなら、という気持ちにさせられるのだ。

ちなみに、「此の姉も亦きりょうがわるいとうちの人たちからいわれいわれしていた」

という部分は、「私」もまた容貌が「兄弟中で一番わるいわるい」と言われていたことと対応している。実際の太宰が、そう言われていたかどうかは知らないが、「私」と姉との間に、一つでも共通点があるなら、それは器量が悪いということであってもよかったのである。

ところで、前項で示した雛祭りの嘘は、姉の存在があってはじめて成立する嘘であろう。つまり、この嘘にもまた、仮面としての〈わたし〉が〈あなた〉のまなざしを求めて放った、真実が含まれているのである。

ちなみに、母親が〈あなた〉としてのまなざしを提供できないとき、幼い子どもが姉を求めるのは、太宰の場合に限られるわけではない。

たとえば、幼くして母親から捨てられた永山則夫[15]は、小学校を卒業するまでに二〇回の家出をしていたが、その目的は、精神疾患ゆえに網走の病院に入院中の、姉に会うためだった（『ある遺言のゆくえ―死刑囚永山則夫がのこしたもの』東京シューレ出版）。また、室生犀星[16]の自伝的小説である『幼年時代』（岩波文庫）では、親から虐待を受ける幼い「私」が、優しい姉を慕うという設定になっている。

太宰の小説の姉たちは、いずれも実家とは別の町で学校へ通っている。永山の姉も、永山の住む場所から遠く離れた網走での入院を、余儀なくされている。そして、犀星の小説に登場する姉は、やがて嫁ぎ去っていく。つまり、太宰の『思い出』の姉も、永山の姉も、そして犀星の『幼年時代』の姉も、すべて遠くへ離れていくように運命づけられているのである。

なお、姉の代りに、妹が登場することもある。そういえば、宮沢賢治の場合は、姉ではなく妹が〈あなた〉の役割を果たしていた。そして、その妹もまた、賢治を残し、この世から去っていったのだった。さらに敷衍するなら、実の姉や妹がいない場合は、空想上の姉や妹が、〈あなた〉として登場するだろう。

付記するなら、母親の代わりに、父親や兄や弟が、〈あなた〉の役割を果たせないわけでは、必ずしもない。ただし、彼らが〈あなた〉になるためには、彼ら自身の〈こころ〉を、いったん〈世界〉から引きあげて、幼い子どもを受けとめる必要がある。

ところが、太宰の小説に登場する父は家にいることが少なかった。同様に、永山の父は幼い永山を残して出奔し、兄は永山に暴力を振っていたことが知られている。また、犀星の作品では、父が幼い「私」を棄てたことが示唆されている。彼らは、〈世界〉にとどまりつつ、子どもを支配しようとしていたのだ。言い換えるなら、意図的に〈こころ〉を

〈世界〉から引きあげようとしない限り、父や兄は、とうてい幼い子どもにとっての〈あなた〉とはなりえないのである。

幼い子どもは、〈あなた〉のまなざしなしには、生きていくことができない。最も身近な〈あなた〉である母親からのまなざしが失われたとき、幼い子どもは母親の代理として、姉を求める。姉の存在は、かろうじて幼い子どもの〈こころ〉を支える役割を果たす。しかし、姉はやがて、幼い子どもを残して離れていくよう、運命づけられているのである。

(15) ながやまのりお（一九四九—一九九七）：いわゆる連続射殺魔事件の少年。一九六八年から一九六九年にかけて、ガードマンやタクシー運転手ら四人を射殺し、一九九七年に死刑が執行された。著書として、獄中で記した『無知の涙』などがある。

(16) むろうさいせい（一八八九—一九六二）：詩人、小説家。『幼年時代』『性に目覚める頃』『或る少女の死まで』は、犀星の自伝的三部作といわれる。

アイデンティティの第一段階から第二段階へ

エリクソン[17]の『アイデンティティ』という本がある。一時期、よく読まれた心理学書だ。もっとも、エリクソンらの自我心理学[18]と呼ばれる学派の理論は、あまりにも単純に映ったせいか、知識人たちのあいだでは旗色が悪かった。ましてや、今日では精神分析学自体が、即効性を求める人たちからは毛嫌いされている。

もちろん、この本の内容には、明らかな限界がある。（その点については、後に述べる。）しかし、先入見なしに読むならば、ある範囲での意義と有用性を、今でも持っているとはいえるだろう。

エリクソンの著書から、幼い子どもへ注がれるまなざしに相当する部分を、以下にたどってみることにしよう。

誕生直後の〈こころ〉の第一段階を、エリクソンは「信頼対不信」という言葉で表現している。

《幼児は口によって生き、かつ愛するのであり、また母親は、胸によって、または、幼児の欲求に応えてやろうと熱意に満ちた表情やその他の身体的部分によって、生き、かつ愛するのである。》

《この時期に、慣れ親しんだ母親の愛情を適当な代替物なしに突然に失うことは、さもなくば状況をさらに悪化させるような条件下においては、急性の幼児的抑鬱か、もしくは、甘美ではあるが慢性の悲嘆状態を惹起させる原因となりうるのである。》――『アイデンティティ』

この第一段階は、フロイトのいう口唇期(19)に対応する。

続く第二段階は、肛門期に対応するものであり、その特徴をエリクソンは、「自律性対恥・疑惑」として取り出している。

《自律性が成長するためには、信頼が早くからしっかりと発達していることが必要である。幼児は、自己や世界にたいする自分の信頼は、自由に選択したいとか、当然のように専用したいとか、強情にも排除したいとかいうような欲望によって危険にさらされることはないのだということを、確信できなければならない。》

《恥とは、自分が完全に外部にさらされていて、だれかに見られていることに気づいている状態、一言でいえば自意識のことだ。…(中略)…疑惑は恥の兄弟である。》

《この段階においては、最初の解放が、つまり、母親からの解放がなされる…(中略)…。青年が、さまざまなやり方で、児童期のすべての世界から離脱していくさまは、

まさにこの最初の解放のくり返しである。》――前掲書

第一段階において信頼が不信を下回ると、第二段階で自律性が育たずに自意識としての恥が大きくなっていく。そして、この構造は青年期になって繰り返される。エリクソンは、そう述べていることになる。

太宰もまた、別の作品（『人間失格』）の冒頭部分に、「恥の多い生涯を送って来ました」という有名な言葉を書きつづった上で、同様の考えを、以下のような形で展開している。まず、太宰の分身ともいうべき、『人間失格』の葉蔵にとって、幼い頃の恥とは、それを隠すために、「道化」を演じざるをえないことを意味していた。その結果、葉蔵は「一言も本気の事を言わない子」になったのである。

だが、葉蔵は、「道化」をいつ見破られるのか、すでに誰かが見破っているのではないかという自意識に、さいなまれる。勉強をせず「道化」を演じながらも「できる」子どもだった葉蔵は、尊敬されるという観念と恥をかくという現実が、同根であることを知っていた――。

《ほとんど完全に近く人をだまして、そうして、或るひとりの全智全能の者に見破ら

れ、木っ端みじんにやられて、死ぬる以上の赤恥をかかせられる、それが、「尊敬される」という状態の自分の定義でありました。》――『人間失格』

「尊敬される」ことの定義を述べていながら、それが同時に恥の定義になっている。

では、このような恥は、何に由来するのか。太宰は、やはり『人間失格』の中で、「自分は、肉親たちに何か言われて、口応えした事はいちども有りませんでした」と葉蔵に語らせつつ、恥の原因について次のように解析している。

《イヤな事を、イヤと言えず、また、好きな事も、おずおずと盗むように、極めてにがく味い、そうして言い知れぬ恐怖感にもだえるのでした。つまり、自分には、二者選一の力さえ無かったのです。これは、後年に到り、いよいよ自分の所謂「恥の多い生涯」の、重大な原因ともなる性癖の一つだったように思われます。》――前掲書

エリクソン流にいうなら、**両親との間で信頼を形成することができなかった第一段階が、第二段階における自律的な選択を不可能にしていることになる。そして、その不可能性を原因として、恥が発生する。誰かに見られているという自意識が、そうさせるのだ。**

こうなると、子どもの〈こころ〉は、一刻たりとも休むことができない。たとえ、「道化」を演じていたとしても、その底には、文字通り言い知れぬ恐怖感が、横たわるようになるからである。

(17) Erik H. Erikson（一九〇二—一九九四）：アイデンティティの発達理論を提唱したことで知られる精神分析家。アイデンティティとは、自分が自分であるというほどの意味であり、同一性と訳される。主著に『幼児期と社会』『青年ルター』などがある。

(18) 精神分析学を確立したフロイト（Sigmund Freud：一八五六—一九三九）は、心をエス・自我・超自我に分けた。自我にはモデルに似せる（まねる）機能があり、これを同一化という。自我を心の中心と考え、現実適応を目指す心理学が、自我心理学である。

(19) リビドー（人間が本来もっている性的エネルギー）の発達は、その対象が口唇、肛門、ペニスへと移るにしたがって、それぞれ口唇期、肛門期、男根期と呼ばれる。続く児童期は、性欲動が減少するため潜伏期と呼ばれ、思春期に性欲動が増加すると性器期と呼ばれる。

アイデンティティの第三・第四段階

エリクソンによれば、続く〈こころ〉の第三段階は「自発性対罪意識」を本質とし、第四段階は「勤勉対劣等感」を本質とする。これらは、フロイトのいう男根期と潜伏期に対応する。

このあたりのエリクソンの説明は、いくぶん牧歌的だ。たとえば、子どもは「新しい一体化の対象を捜し求め」、「何かものをつくる、しかもそれを上手に、完全につくることができるという感覚なしでは満足しないようになる」という。

ただし、次のような常識的バランスに基づく内容を指摘しておくことも、エリクソンは決して忘れなかった。

《生徒や見習工としての自分の価値を決める要因は、学びたいという自分の欲求や意志ではなく自分の、皮膚の色や両親の社会的背景であるという事実に子どもが気づくや否や、自分を無価値な存在だと感じがちな人間的性向は致命的なほどに悪化し、性格の発達を決定する要因となってしまうこともある。》――『アイデンティティ』

人種や階層といった、子どもにはどうしようもない理由によって、子どもが自分自身を無価値な存在だと感じてしまうことが、劣等感の源泉だというのである。

流布された常識の範囲にとどまるとはいえ、〈こころ〉と社会との関係についてのこのような配慮は、エリクソンの理論を貫く特徴であるといえる。（もっとも、よく知られているように、太宰の場合は「両親の社会的背景」が高かったことが、かえって自分を「無価値な存在」と感じさせているのだが。）

それにしても、この時期における「罪」の意識および「劣等感」とは、いったい何を意味しているのだろうか。

エリクソンは、「自分と父親とを比較し、その比較が劣等感や罪の感覚を生んでいるのかもしれない」と例示している。

父親と比較した上での罪の意識とは、去勢コンプレックスと呼ばれるものを指す。すなわち、狭義には自慰に対する罰として、「男性生殖器を失ってしまうのではないかという恐怖」「少女の場合には、そのためにそれをすでに失っているという確信」が生じることをいう。しかし、広義には、「自発性」が常に競争をもたらすがゆえに、その敗北が罪の意識を出現させるのである。

さらに、競争の場が拡大するなら、自分は決して「よい子」にはなれないという感情と不可分に、劣等感が生じる。そして、当然にも、拡大された競争の場とは、学校である。

したがって、学校が〈こころ〉に及ぼす影響が、問題にされねばならないだろう。ちなみに、エリクソンは競争のもたらす影響と悪影響を注視しているが、日本の学校においては、競争よりも集団一律の行動を求められることの方が、生徒たちの〈こころ〉をむしばんでいる。

平均からはずれるという理由で、また歩調を乱すという理由によって指弾される〈こころ〉が、死へと向かうしかないことは、第二章で見てきたとおりだ。実際に、〈こころ〉の死は、生徒のいじめ自殺を典型として、肉体の死をも、もたらしている。

このように、〈こころ〉の拡がりという自然過程は、常に死へ至る怖れにさらされている。**繰り返すなら、その怖れは、競争に敗北するかもしれないという怖れだけではなく、集団からはずれることによって指弾される怖れと不可分なのである。**

アイデンティティの第五段階

さて、引き続く第五段階の〈こころ〉は青年期と呼ばれ、それは「アイデンティティ対アイデンティティの混乱」を本質とするとされる。

エリクソンのいうアイデンティティとは、一言で述べるなら、自分が何者であるかを確定することだった。そして、それは、第一に自分がほかならぬ自分であること、第二に自分が過去も現在も未来も自分でありつづけること、第三に自分が何らかの社会に帰属し承認されていることという、三つの要素から成り立つものだった。
三つのうち、最初にエリクソンの関心を惹いたものは、第三の要素だった。彼は「人間存在というこの社会的ジャングルにおいては、アイデンティティの感覚をもっていなければ、自分は生きているのだと感じることすらできない」と述べつつ、次のように記している。

《なぜなら、アイデンティティの保護者である社会制度は、いわゆるイデオロギーであるからだ。…(中略)…青年は、冷笑主義やアパシーに陥らないためには、大人の世界での成功者は、まさに成功者であるが故に最も優れた者になるという義務を背負わねばならぬものだということを、何とか自分に信じこませねばならないのである。なぜなら、まさにこのようなかれらのイデオロギーを通してこそ、社会体制は次の世代の網目のなかに入り込み、青年の若々しい力を自らの体内に吸収しうるからである。》
——前掲書

ナチスに追われて渡米したユダヤ系デンマーク人である、エリクソンの目に映った第二次世界大戦後のアメリカは、貯蓄率や購買率の増加に加えて、教育費と住宅建設費の助成による豊かさを享受していた。発展を続ける当時のアメリカ社会は、だから、「成功者であるが故に最も優れた者になる」というイデオロギーを介して、社会体制と青年のアイデンティティが相互につながるかのような夢を、与えることができたのである。

だが、第二次世界大戦前の日本で青年期を過ごした太宰治にとっては、「成功者であるが故に最も優れた者になる」といった無邪気なイデオロギーは、まさに「冷笑主義」の代表だった。太宰は、「アパシー」（無気力）に陥るかわりに、共産主義の秘密の読書会へ参加するようになった。

《好きだったからなのです。自分には、その人たちが、気にいっていたからなのです。しかし、それは必ずしも、マルクスに依って結ばれた親愛感では無かったのです。

非合法。自分には、それが幽かに楽しかったのです。むしろ、居心地がよかったのです。世の中の合法というもののほうが、かえっておそろしく…（中略）…外は非合法の海であっても、それに飛び込んで泳いで、やがて死に到るほうが、自分には、いっそ気楽のようでした。》――『人間失格』

エリクソンであれば、このような太宰の行動を、「集合的なヒステリー」と呼ぶところだ。

集合的なヒステリーの例として、エリクソンは、「流行のけいれん的な祈りにひたっている年若い修道女」とともに、「大衆的示威行進や大衆虐殺に参加するよう命令された年若いナチの兵士」を挙げている。(もっとも、エリクソンは、個人的な危機と集団行動との間には、類似点があるようだと仮説的に指摘することはできても、臨床的に診断することは不可能だとも記した。つまり、エリクソンといえども、個人と集団とを、安易に地続きのものとしてとらえてはいないのである。)

それらと同様に、太宰の左翼活動を位置づけることも、できないわけではない。

しかし、『人間失格』は、太宰が自死の年に執筆した作品である。つまり、太宰は三〇歳代の終わりになっても、青年期の非合法の居心地を肯定していることになる。エリクソンが唱えた、社会に帰属し承認されているという意味でのアイデンティティ自体を、太宰は身をもって否定しつづけたのだ。

それだけではない。太宰にとっては、合法的〈世界〉ばかりか、非合法〈世界〉すらも永遠に帰属しうる対象ではなかった。「やがて死に到るほうが、自分には、いっそ気楽」

とは、そのことを意味している。

自分が帰属し承認されるような〈世界〉は、前提として存在しないという諦念が、すでに青年の〈こころ〉に生じ、持続していることがわかる。こうして、アイデンティティ論の一角が崩れ去ったのである。そこで死を選ぶのでない限りは、帰属し承認される〈世界〉を自ら創りだすか、孤立を自ら引き受ける生き方を構想するしかない。

アイデンティティの混乱（1）

すでに引用したように、エリクソンは、母親からの解放を「最初の解放」と呼んだ上で、「青年が、さまざまなやり方で、児童期のすべての世界から離脱していくさまは、まさにこの最初の解放のくり返しである」と指摘していた。三歳頃までに生じる、母親からの〈こころ〉の分離が、青年期において再び繰り返されるというのである。

このとき、青年期はアイデンティティの混乱をもたらすことがあり、それは「境界線的な」精神病的問題[20]を生む。（同様の指摘は、エリクソンらの自我心理学とは別の学派でも行なわれている。[21]）

順を追って考えていくことにしよう。

最初の〈あなた〉である、母親からのまなざしが存在した場合には、青年期における二度目の解放は、恋愛の形をとってあらわれる。エリクソンによるなら、次の通りだ。

《しかし、この段階においては、「恋をする」ということすら、完全に性的な事柄であるというわけではない。これはかなりの程度までいえることだが、青年の恋愛というものは、拡散した自己像を恋人に投射することにより、そして、それが反射され、徐々に明確化されるのを見ることによって、自分のアイデンティティを定義づけようという一つの試みなのである。》——『アイデンティティ』

拡散した自己像を明確化するとは、過去・現在・未来を貫く〈わたし〉を見出そうとするという意味だ。こうして〈わたし〉を見出そうとするとき、二度目の〈あなた〉である恋人が必要になる。ただし、恋人との関係は性愛を本質とせず、あくまで不確かな〈わたし〉を、恋人を通すことによって、確かな〈わたし〉へと変えていくことを本質としている。だが、恋愛が〈わたし〉を見出すことにつながらない場合がある。最初の〈あなた〉としての、母親からのまなざしが存在しない場合だ。そうなると、どんな事態が生じることになるのだろうか。

再び、太宰治の場合を見てみよう。

「その頃、自分に特別の好意を寄せている女が、三人いました」と、太宰は『人間失格』の葉蔵に語らせている。一人は下宿の娘で、一人は左翼活動の同志である女子高等師範の文科生だった。そして、もう一人が、銀座の女給であるツネ子だった。ツネ子と過ごした一夜は、幸福な「解放せられた夜」だった――。

《それから、ひとつき、自分は、その夜の恩人とは逢いませんでした。別れて、日が経つにつれて、よろこびは薄れ、かりそめの恩を受けた事がかえってそらおそろしく、自分勝手にひどい束縛を感じて来て、あのカフエのお勘定を、あの時、全部ツネ子の負担にさせてしまったという俗事さえ、次第に気になりはじめて、ツネ子もやはり、下宿の娘や、あの女子高等師範と同じく、自分を脅迫するだけの女のように思われ…（後略）。》――『人間失格』

最初の〈あなた〉からのまなざしを受けた体験を持たないため、最初の〈あなた〉からの解放の体験もない。だから、二度目の〈あなた〉からのまなざしを、どう体験してよいかわからず、したがって二度目の〈あなた〉から解放される術を知らない。つまり、解放が反復されているのではなく、解放の不可能性が反復されているのだ。

最初の〈あなた〉からの解放が不十分であれば、二度目の〈あなた〉からの解放も不十分にしか進まない。それが、エリクソンの考えたアイデンティティの混乱だった。（エリクソンとは別の学派もまた、三歳までの母親からの分離がうまくゆかず、それが青年期に反復されることによって、境界例[22]と呼ばれる状態が出現すると考えている。）

そもそも最初の〈あなた〉からのまなざしを浴びていないがゆえに、最初の〈あなた〉からの解放も、二度目の〈あなた〉からの解放も、達成することができない青年たちがいる。そうなると、不確かな〈わたし〉を、確かな〈わたし〉へと変えていくこともまた、不可能になる。永遠の死を選ぶのでない限り、青年は不確かな〈わたし〉のまま、一瞬ごとの現在を生きるしかない。

『人間失格』の葉蔵の場合がそうだった。彼は、ツネ子との心中未遂の後、画家になると宣言しながら、「三流出版社」から依頼された漫画を、酒代のために描くしかなかった。つまり、過去・現在・未来を貫く〈わたし〉ではなく、不確かな〈わたし〉として、一瞬ごとの現在を選択するほかは、なかったのである。

（20）「境界線的」とは、正常と精神病の境界、もしくは神経症と精神病の境界をいう。

（21）対象関係論は、自我と対象との関わりを心の本質と考える立場をとる。そこでは、外的対象ばかりでなく、心の内界に形づくられる内的対象や、それらの中間の移行対象が重視される。

（22）「境界線的」と同様であるが、正常と精神病の境界という意味で使われるほうが多い。

アイデンティティの混乱（2）

一瞬ごとに生きるしかなくなった青年の〈こころ〉にとって、残された大問題は、〈あなた〉に代わる、〈世界〉からのまなざしだった。このまなざしを、『人間失格』では、「世間」と呼んでいる。

葉蔵は、「これ以上は、世間が、ゆるさないからな」という非難を浴びせられたとき、思わず「世間というのは、君じゃないか」という言葉が舌の先まで出かかったが、引っ込める。それでも、次のように考えを進めていく——。

《世間。どうやら自分にも、それがぼんやりわかりかけて来たような気がしていました。個人と個人の争いで、しかも、その場の争いで、しかも、その場で勝てばいいのだ。人間は決して人間に服従しない。…（中略）…だから、人間にはその場の一本勝負

にたよる他、生き伸びる工夫がつかぬのだ。》――前掲書

個人と個人の争いとは何か。世間（〈世界〉）の中の誰にも従わず、しかもいずれの人とも違った生き方を押しすすめることだ。それは、決して〈世界〉から非難される筋合いのことがらではない。なぜなら、〈世界〉からの逸脱ではなく、一人ひとりの〈あなた〉との差異化こそが重要だと、考えているにすぎないからだ。

このように、エリクソンの指摘した、他の誰でもない自分であることというアイデンティティの要素（前々項参照）は、太宰にあっては、とにもかくにも一人ひとりの〈あなた〉に服従しないという形でしか、姿を現すことができなかった。そして、それは、絶えることのない「一本勝負」を続けることを意味した。しかも、一本勝負に勝つことだけが、差異化の果てに生じる孤立を防ぐ、ただ一つの道だったのである。

すでに記したように、〈あなた〉からのまなざしを浴びることができなかった者は、青年期の〈あなた〉からのまなざしを受けとめることができない。だから、〈あなた〉に〈わたし〉を投げかけ、そこから他の誰でもない〈わたし〉を引きだすこともできない。言い換えるなら、**参照すべき〈あなた〉が、周囲に存在しないということだ。そのと**

き、青年は、一人ひとりの〈あなた〉全員を敵として、〈わたし〉を確立するという、危うい道のりを歩むしかなくなるのである。

アイデンティティ論の行方（1）

エリクソンのアイデンティティ論は、ライフサイクルにおいて単線的に達成されるべき指標を提供する、役割を負っていた。もし、その指標が達成されないならば、それはアイデンティティの混乱と呼ばれ、ある種の精神病理として扱われることになった。

たとえば、エリクソンは、大学教育がアイデンティティの危機を引き起こし、偏った早熟をもたらすような、幼児性を助長すると述べている。（もっとも、アイデンティティの混乱は、他の年齢であれば精神病的で犯罪的であるような行為に見えるが、青年期では致命的な重要性を占めてはいないと、指摘することも忘れなかった。）

ところで、アイデンティティ理論を公表する以前から、エリクソンは、アイデンティティが獲得される前段階を、心理‐社会的モラトリアムと名づけていた。(23)

彼のモラトリアム概念は、一九六〇年代後半になると、別の研究者(24)によって再発見され、アイデンティティの達成とアイデンティティの危機の中間に位置づけられた。また、そもそもモラトリアムを経験しないか、不十分にしか経験しないまま、権威者からの期待を受け入れる場合は、早期完了[25]と呼ばれた。

だが、エリクソンは、モラトリアムの最も重要な意義に気づいていなかった。あるいは、気づいていても明記しなかった。

最も重要な意義とは、エディプス王の悲劇を引きながらフロイトが述べた、父親殺害という目的にほかならない。

テーバイの王ライウスは、神託に反して妻のイオカステに産ませた子どもを、山の中に棄てた。子どもは羊飼いによって助けられ、エディプスと呼ばれるようになった。長じてエディプスは、旅先でもめごとになった相手が父親とは知らないまま、ライウス王を殺害してしまう。その後、エディプスはテーバイの王となって、イオカステと結婚した。しかし、実父を殺し実母と結婚した事実を知り、エディプスは自らの目を突き刺した。

この悲劇からフロイトが導きだしたエディプスコンプレックスは、母親への愛着と、父親への敵意から構成される。(女児の場合も同じだと、フロイトは考えている。)そして、多くの青年は、このコンプレックスを克服して、父親との同一化へ進むと考えられている。

だが、**エディプスコンプレックスの背景に、実父ライウスによる子棄て、つまり虐待が**

横たわっていることを、見逃すことはできない。母親という〈あなた〉から離陸しようにも母親はおらず、〈わたし〉と〈世界〉へ向かおうとしても、青年を棄てた父親が彼の前に立ちふさがっているのである。

だから、青年は、立ちふさがる父親を殺さざるをえない。（ついでに言えば、子棄てにより強制的に引き離されるのではなく、自発的に母親から離れることができるようになるまでは、青年はいつまでも母親を求める行動を繰り返さざるをえない。それが、エディプス王と実母イオカステの結婚に内在する、意味なのである。）

もちろん、ここでいう父親殺害は、実際に虐待が生じていない限り、多くの場合は観念の上で行なわれる。そして、観念上の父親殺害に必要な固有の時間が、一人ひとりの青年にとっての、モラトリアムにほかならない。

(23) モラトリアム（猶予期間）とは、債務の履行を猶予するという意味の言葉であったが、転じて核実験の停止期間などをあらわす言葉としても用いられるようになった。
(24) I・B・ウェイナー（野沢栄司監訳）『青年期の精神障害』上下（星和書店）
(25) たとえば、若くして葛藤も抱かないまま二世政治家になり、選挙区を世襲することを受け入れるなどは早期完了である。

アイデンティティ論の行方（2）

モラトリアム概念が日本へ輸入されたのは、一九七〇年代になってからである。そのころの日本は、消費資本主義社会[26]へと突入しつつあった。

その時期に輸入されたモラトリアム概念が、毀誉褒貶を伴うのは当然だった。なぜなら、消費資本主義社会では、青年はアイデンティティを達成しようがしまいが、消費過程への参入を通じて、社会へ関与することが可能だからである。一方で、生産過程に重きを置く旧世代からは、モラトリアムは、未だ社会参加を果たしていない状態としてのみ、とらえられつづけた。

結局のところ、両者の妥協点は、モラトリアムの先に生産過程への参加が達成されると見込まれる場合に限って、それを肯定するという、条件つきの評価に落ちつかざるをえなかった。ここでもやはり、単線的に達成されるべきアイデンティティという考え方自体が、否定されたわけではなかったのである。

こうして青年たちは、モラトリアムを遷延させるか、それとも断念と引き換えに、不本意ながら生産過程への参入を選ぶかという、分岐点の前に立たされることになった。

このような分岐点は、一九八〇年代以降、いったんは消滅したかのように見えた。終身雇用制を前提としない生き方が、急激に広まってきたからだ。たとえば、いわゆるフリーターを積極的に選択する場合などが、それだった。

しかし、一九九〇年代以降、帰属し承認される社会の存在という前提自体が、企業のダウンサイジング（いわゆるリストラ）の進行とともに消え去り、加えて青年たちをめぐる雇用情勢は、悪化の一途をたどっていった。その結果、青年たちは、新しいモラトリアムとしての引きこもりを遷延させるか、そうでなければ断念と引き換えに、不本意ながら生産過程への参入を受け入れるかという分岐点の前に、再び立たされることになった。

だが、後者を選択することは、すでに安全な道筋ではなくなってしまっていた。なぜなら、生産過程への参入自体が、恒常的にダウンサイジングの危機にさらされるようになったからである。だから、生産過程における仮構のアイデンティティの獲得が、ひとたび不可能になったなら、青年たちは再び前者の行き方へと回帰するしかなくなったのである。

新自由主義(27)が崩壊した現在も、ダウンサイジングは進行している。では、現在において、青年期が内包する困難とは何か。すでに述べたように、それは、以下の三つにまとめられるだろう。

第一に、〈あなた〉に〈わたし〉を投げかけ、そこから他の誰でもない〈わたし〉を引きだすための、参照すべき〈あなた〉が周囲に存在しないということ。

第二に、過去・現在・未来を貫く〈わたし〉を、見出すことが不可能になった結果、現在を一瞬ごとに生きるしかなくなりつつあること。

第三に、自分が帰属し承認されるような〈世界〉は存在しないため、帰属し承認される〈世界〉を自ら創りだすか、孤立を自ら引き受ける生き方を構想するしかないということ。

太宰が先取りしていた困難が、普遍化したことになる。これらを、エリクソンの述べたアイデンティティ論の、変容した姿であると言い換えてもよい。

それでは、アイデンティティ論は今後、どこへ向かうことになるのだろうか。

第一に、〈わたし〉の歴史を遡るのではなく、参照すべき〈あなた〉を書物や記録の中に求め、その歴史を抽象して取り入れること。

第二に、過去の〈わたし〉の延長上にではなく、〈わたし〉の変容をもたらすことによって、現在から未来へ至る新たな〈わたし〉を構想すること。

第三に、〈世界〉への帰属を第一義とする生き方に代えて、いつでも離脱可能な〈世界〉を創りだすこと。

現在、アイデンティティ論が成立するとすれば、これらの三要件を備えた形でしか、その姿を構想することはできない。

（26）国内総生産（ＧＤＰ）の半分以上が、生産ではなく、消費によって占められる社会。

（27）一九八〇年代以降の英米に始まる政治経済思想で、「小さな政府」「自己責任」を旗幟に掲げる。日本では、いわゆる小泉改革の時代に相当する。

第三章のまとめとキーワード

幼年期においては、最初の〈あなた〉から引き離されることによって、仮面としての〈わたし〉が誕生する。仮面としての〈わたし〉は、失われた〈あなた〉のまなざしを求めて、時に嘘を、時に真実を、語りはじめるのである。幼い子どもは、〈あなた〉のまなざしなしには、生きていくことができない。

両親との間で信頼を形成することができなかった幼年期は、少年期における自律的な選択を不可能にする。その不可能性を原因として、恥が発生する。こうなると、子どもの〈こころ〉は、一刻たりとも休むことができない。

幼少期に〈あなた〉からのまなざしを浴びることができなかった者は、青年期における

〈あなた〉からのまなざしを、受けとめることができない。言い換えるなら、参照すべき〈あなた〉が、周囲に存在しないということだ。また、〈あなた〉からのまなざしを浴びていない青年たちは、過去・現在・未来を貫く〈わたし〉を見出すことができない。加えて、自分が帰属し承認されるような〈世界〉は存在しないという諦念が、青年の〈こころ〉に生じることがある。

現在、青年にアイデンティティをもたらしうる可能性があるとすれば、以下の三要件を備えた場合に限られる。

第一に、〈わたし〉の歴史を遡るのではなく、参照すべき〈あなた〉を書物や記録の中に求め、その歴史を抽象して取り入れること。第二に、過去の〈わたし〉の延長上にではなく、〈わたし〉の変容をもたらすことによって、現在から未来へ至る新たな〈わたし〉を構想すること。第三に、〈世界〉への帰属を第一義とする生き方に代えて、いつでも離脱可能な〈世界〉を創りだすこと。

キーワード：幼年期　少年期　青年期　アイデンティティ　モラトリアム　参照すべき〈あなた〉〈わたし〉の変容　離脱可能な〈世界〉

第四章　結婚期・育児期・中年期の〈こころ〉――『卒業Part 2』

青年期からの離陸

青年期を過ぎた〈わたし〉は、〈あなた〉との関係において、どのような道程をたどることになるのだろうか。

青年が、二人の女性から別れを告げられることによって、〈わたし〉と向かい合う道を歩みはじめることは、すでに第二章の後半で触れた。また、女性の場合も、男性からの別離によって〈わたし〉へと向かいはじめる点に、かわりはないとも述べてきた。

一方で、別れを告げられるかわりに、女性へ別れを告げた青年が、後に〈あなた〉の代理物を求めてさまようしかないことも、すでに記した通りだ。

後者の場合に関しては、かつて、アメリカン・ニューシネマのさきがけといわれた映画『卒業』およびその原作（ウェッブ『卒業』ハヤカワ文庫）を題材に、論じたことがある（『別れの精神哲学』）。青年期からの離陸を考えるために、必要となる範囲で再論しておこう。

映画『卒業』とその原作には、カレッジを優秀な成績で卒業したベンジャミンという青年が登場する。ベンジャミンは、約束された未来に気持ちが向かず、年上でアルコール依存症の女性＝ロビンソン夫人との情事にふけるようになった。

ロビンソン夫人には、エレインという美しい娘がいた。ベンジャミンの父親は、ベンジャミンとエレインを結びつけようとして、デートをセットした。ベンジャミンはエレインに惹かれていくが、ベンジャミンとロビンソン夫人との情事を、エレインは知ってしまった。その結果、ベンジャミンは、二人ともから別れを告げられることになった。

しかし、ベンジャミンは、エレインを諦めきれず、ストーカーのように彼女をつけまわした。その頃、エレインは別の男性と結婚式を挙げようとしていた。式場へ乗りこんだベンジャミンは、ウェディングドレス姿のエレインを奪い取り、一緒にバスに乗った。こうして有名なラストシーンへと向かう——。

まず、ロビンソン夫人に代表される年上の美しい女性は、青年にとって、迷路のような人生の謎として映る。背伸びをして迷路を覗きこもうとするけれども、薄明かりしか見えてこない。そして、そうであればあるほど、謎は輝きを増す。そこで別れを告げられると、謎は謎のまま残り、青年の中には苦しみを伴った想像力だけが漂いつづける。

つぎに、青年は、エレインに代表される若い女性と、本当の意味では向きあうことができない。若い女性は単純さしか持ちあわせていないという錯覚に、青年はとらわれているからだ。この錯覚は、若い女性にとって耐えられないほどの傲慢さへと変質し、青年には別れがもたらされる。この別れによって、人生は再び複雑さを帯びて現れ、ここでも青年は想像力を動員することによって、やっと自らを支えるしかなくなる。

年上の女性と若い女性からの二つの別れは、二つの苦い想像力を生む。二人の〈あなた〉からの別れが、青年を〈世界〉と〈わたし〉についての思考へと向かわせるのである。それが、『別れの精神哲学』のモチーフだった。

しかし、ベンジャミンは結婚式場からエレインを奪うことによって、想像力が生まれるための、せっかくの機会を逃した。

結婚期から育児期へ（1）

仮に、ベンジャミンが、二人の女性からの別れを通じて、〈世界〉と〈わたし〉を確立しえていたなら、今度は対等な関係としての〈あなた〉へ、向かいあうことができたかもしれない。言い換えれば、支配も依存もない、男女の関係が成立しえたかもしれない。

しかし、実際はそうはならず、別れの受容とは反対の、略奪婚とでもいうべき行動を、ベンジャミンは選んだ。断念の抽象化を手放したベンジャミンには、もはやドメスティックバイオレンスのような、人間支配の反復しか残されていないのではないか[28]。

この問いに答える鍵を提供したのが、映画『卒業』の原作から、はるかな年月を経た後に上梓された、『卒業Part 2』（原題は『ホームスクール』）という作品である。

『卒業Part 2』の舞台は、一九七〇年代のアメリカだ。結婚したベンジャミンとエレインには、二人の子どもが生まれていた。ベンジャミン夫妻は、子どもたちを学校から離し、家庭を学校として育てていこうとしていた。これが、『ホームスクール』という、原題の意味だ。

けれども、当時のアメリカでは、ホームスクールに対しての理解は乏しく、ベンジャミン夫妻は、子どもたちを学校へ戻すよう校長たちから求められていた。このとき、窮余の一策として、ベンジャミンは、それまで連絡をとることさえ禁止していたロビンソン夫人に自ら電話をし、校長を色仕掛けの罠にかけて事実上の脅迫を行なうよう画策した——。

ホームスクールという実践に関し、これまで私は、どちらかというと肯定的に評価してきたし、今もそう評価している。だが、私が間接的に知っている限りでの日本におけるホームスクールとは異なって、『卒業Part 2』に描かれたそれは、そうとう醜悪だ。

著者のウェッブ自身にも思い当たるところがあるらしく、ベンジャミン夫妻のホームスクールと、彼らの先達とおぼしきヒッピー崩れ（ガースとゴヤという名前だ）のホームスクール思想を、互いに相容れないものとして描いている。

前者が、さまざまなテーマに関してディスカッションをする「プロジェクト」を根幹に置いているのに対し、後者は、小学生になっても人前で母乳を飲ませるような、「粗野な」教育を信条としているというのだ。

《ゴヤと娘はさっきと同じようにソファにすわっていた。

「十二×五は」ゴヤがいった。

女の子が頭を回したので、母親の乳房が口から飛びだした。「五十五」

「もう一度」

「五十五じゃないの」

「それは十一の五倍でしょ」

「わかった、考えさせて」》——『卒業Part 2』

しかし、どちらも五十歩百歩ではないか。

ベンジャミンのホームスクールは、一見して進歩的なようでも、文字通り家庭の学校化だ。子どもたちにとっては、ここで挫折に直面すると、他には逃げる場所がないぶん、学校より悲惨とさえいえる。家庭を教育から切り離すという発想が、まったくないからだ。人間は「プロジェクト」や「ディスカッション」で生きるのではないという点を、ベンジャミンはわかっていない。

一方、「粗野な」ホームスクール運動の先達（「ヒッピー崩れ」）は、精神分析家のライヒ(29)のように、どこかオカルト的だ。たとえば、彼らの家族内では、宇宙人が実在すると信じられている。そのオカルト的先達でさえもが、エレインに対して「カルトに洗脳されていないか」と誤解する場面が、この小説には描かれている。

《「だけど、エレイン」ゴヤはいって、彼女を見上げた。「あなたはまだその昔のできごとに支配されているのよ」

「そんなことはないわ」

「どのカルトだったの、ところで？」

「どの何ですって？」

…（中略）…

「なんらかの洗脳がひそかに行われている」

「目立たないやり方で」

「たとえば？」

「生気のない表情」》——前掲書

だが、ゴヤによる誤解も、あながち的外れとはいえない。ベンジャミンのホームスクール運動は、ひたすら内閉化することによってしか、成り立たないように見えるからだ。

どうして、そうなってしまったのか。ベンジャミンが、エレインを、そして二人の子どもたちさえをも、貧しい理念によって支配できると思っているから、としか言いようがない。そして、その原点は、「卒業」としての別れの失敗にある。

二人の〈あなた〉からの別れが、青年を〈世界〉と〈私〉についての思考へと向かわせるはずだった。もし、そうなっていれば、青年は〈あなた〉としての妻と、対等な関係として向きあっていたはずだ。

にもかかわらず、その道筋を拒絶したかのように、〈あなた〉である妻への支配を、反復しようとする人間がいる。そのとき、支配の反復は、第二、第三の〈あなた〉である、子どもたちの上にまで及ぶことになるのである。それに比例して、支配される〈あなた〉は、限りなく貧しくなっていく運命にある。

(28)『卒業』の原作者による小説『結婚』(早川書房)には、妻に対して「ぼくのおかげじゃないか」という言葉を連発する、覗き趣味の夫が登場する。夫は、逃げ出そうとする妻を強引に連れ帰る。つまり、人間支配が反復されているのである。

(29) Wilhelm Reich(一八九七―一九五七):『性と文化の革命』などで知られる精神分析家。晩年はオルゴンと呼ばれる生命エネルギーを研究し、オカルト的になったと評されることがある。

結婚期から育児期へ（2）

年上の女性と若い女性の二人から別れを告げられることが、男性にとっては〈世界〉へと向かうための必須の条件であるにもかかわらず、すでに見てきたように、ベンジャミンはエレインを略奪した。言い換えるなら、断念の抽象化を逃し、「卒業」に失敗した。

こうして、ベンジャミンにとっての〈世界〉は、「プロジェクト」や「ディスカッションン」で理解できる程度に、単純化された。その結果、予想されたようなドメスティックバイオレンスこそ行なわれなかったものの、ホームスクールに名を借りた形での支配が、エレインおよび子どもたちに対して、反復されたのだった。

それればかりではない。ベンジャミンは、自ら電話をして、ロビンソン夫人を呼びよせた。こうなると、当然にもロビンソン夫人は、ベンジャミンへの誘惑を、反復しようとする。

それに気づいたエレインは、二人の子どもたちとともに、家を出ていこうとする。子どもたちと見る映画が終了する時刻までに、ロビンソン夫人が家を出ていかないなら、エレインは子どもたちとともに、二度と家へ戻らないと宣言したのだ。

ベンジャミンは、辛うじてロビンソン夫人を追いだすことに成功する。その結果、エレインが家を出ていくことを、最後の時点で押しとどめることができた——。

《ベンジャミンは妻を振り返った。わずかに肩を丸めて、彼女は部屋の真ん中に立っていた。

「終ったよ」

彼女は首を振った。

「落ち着くまでに一、二日必要だが、すべて終ったんだ」

「終ってないわ」エレインは夫を見上げた。「五千キロの距離は忘れて。彼女は今、ここにとどまっている。わたしたちの家に、わたしたちの生活に、私たちの頭に住みついているのよ」》——前掲書

ベンジャミンとエレインが暮らす家と、ロビンソン夫人が戻った家の間には、五千キロの距離がある。しかし、ロビンソン夫人の〈こころ〉は、ベンジャミンとエレインの〈こころ〉を、亡霊のようにとらえて離さないだろうというのだ。まさに、「卒業」の不能性の連鎖というべき事態が、生じていることになる。

著者のウェッブは、自らもホームスクールを実践していたという。また、彼の妻は後に、摂食障害[30]と解離性障害[31]に罹患したという。それらが事実であるなら、「卒業」の不能性は、〈こころ〉の病いによって気づかされるまで、反復をやめないということなのかもしれない。

〈あなた〉に対する支配の反復は、支配する人間の〈こころ〉と支配される人間の〈こころ〉が、ともに〈世界〉と〈わたし〉へ向かうことを不能にする。ここに、〈こころ〉の病いが生じる、一つの根拠がある。

（30）いわゆる拒食症と過食症を総称する診断名。
（31）心因性健忘や多重人格などを含む診断名。第六章参照。

アイデンティティの第六段階から第七段階へ

結婚期・育児期・中年期の〈こころ〉を、エリクソンは「アイデンティティの彼方《ビヨンド》」と呼んでいる。この言葉は、彼によれば、「青年期以降の人生、アイデンティティの活用、そして当然のことながら、生活周期上のその後の段階における何らかのアイデンティティの危機の復帰を意味するものである」という。

より仔細に引用するなら、青年期に続く第六段階の〈こころ〉は、「親密性対孤独」を本質とするという。「孤独」は「疎遠性」とも言い換えられる。

《親密性と対をなすものは、疎遠性である。つまり、自己の本質にとって危険な存在と思われる勢力や人々を、否認し、孤立させ、必要ならば破壊してしまおうという用意のことである。したがって、疎遠性を求める欲求がもたらす恒久的な帰結とは、自己の親密性や連帯性の領域を要塞化し、見知っているものとそうでないものとの間の「小差の過大評価」という狂言的な態度で外部の人間すべてを眺めるようになるということだ。》——『アイデンティティ』

ここで、エリクソンが念頭においているのは、政治と戦争である。つまり、外部の〈世界〉に敵（疎遠性）を想定し、内部の〈世界〉にいる味方（親密性）を守ろうとするような、〈こころ〉にほかならない。そして、そのときには、成熟した男女が互いを認めあうような生活は訪れず、各々が相手を打ち負かそうとする「生殖的格闘の場」が続くことになる。

『卒業Part 2』における、ベンジャミンの〈こころ〉もまた、そのようなものであった。

「ホームスクール」を境界線として、その外部にある〈世界〉と内部の〈世界〉とを、ベンジャミンは峻別する。外部の〈世界〉は、自分たちを脅す敵に充ちているものとして想定される。他方、内部の〈世界〉では、家族成員が互いを尊重することができず、支配―被支配の関係が反復される。

ベンジャミンの場合、それは「ホームスクール」運動の先達の理念を、エレインや子どもたちに対する支配へと、転用する形で行なわれた。そして、そのためには、昔の愛人であったロビンソン夫人を招き入れることさえ、いとわない行動をとるに至ったのだった。

さて、続く第七段階の〈こころ〉の本質は、「生産性対停滞」である。

エリクソンによれば、「生産性（創出性）」とは、「次の世代を作り上げ、指導するための関心事」であるという。しかし、不運にもその関心を、子どもたちに対してではなく、自分に対して差しむける人たちがいる。このとき、創造ではなく停滞が生じると、彼は述べている。

《そのような豊かな体験（創造のこと・引用者註）がなされない場合には、擬似的親密性を求める強迫症的な欲求への退行が起り、それはしばしば、包括的な停滞感、倦怠、対人関係の貧困化を伴うのである。したがって、諸個人は、かれらがかれら自身の――またはお互いの――唯一の子どもであるかのように、自分たちを甘やかしはじめることが、しばしばある。》――前掲書

『卒業Part 2』に描かれているとおり、ベンジャミンの「ホームスクール」は、文字通り「擬似的親密性を求める強迫症的な欲求への退行」を示していた。たとえば、粗野なゴヤたちの振る舞いに耐えきれず、エレインが屋根裏に立てこもるシーンがある。屋根裏の踊り場をはさんで、エレインはベンジャミンに対し、計画通りゴヤたちが出ていかないなら、屋根裏から降りないと主張する。

《「下に戻って、ベンジャミン。もう一度、みんなが出ていくようにやってみて。約束したように」
「それは以前の計画だ」彼がひもをひっぱると、ぼんやりした光が屋根裏にこぼれだした。「新しい計画は四人で作戦を立て、これをプロジェクトとしてみなすことだ。生存のための。社会的生存だ。社会的集団は――この場合はうちの家族だな――外的脅威に直面したとき、いかに一致団結して、自己防衛の手段を確立できるか?」》

――『卒業Part 2』

またしても「プロジェクト」である。しかし、子どもたちを含む四人の「プロジェクト」と言いながらも、それが「次の世代を作り上げ、指導するための関心事」ではなく、「擬似的親密性を求める強迫症的な欲求への退行」であることは明白だ。ベンジャミンの関心は、子どもたちに対してではなく、ただ自らがいかに〈あなた〉を支配しつづけられるかに向けられているからである。

こうして、**支配を反復しつづけようとする限り、〈あなた〉へのまなざしは、どこまでも貧困化することになる。その結果、支配を介した閉鎖的親密性だけが、目的へと転化する。しかし、閉鎖的親密性は空疎というしかない。貧困化された〈あなた〉以外には、〈わたし〉も〈世界〉も存在しないからである。**

アイデンティティの第八段階

それでは、ベンジャミンとエレインの〈こころ〉は、この後、どこへ向かうのだろうか。

エリクソンは、続く〈こころ〉の第八段階の本質を、「完全性対絶望《インテグリティ》」という言葉で表現している。彼によれば、「完全性」とは、「過去という表象運搬人に忠実であり、現在においては指導的立場に立つ用意ができており、しかもやがてはその立場を譲渡する用意ができている感情的な統合体のこと」だという。

しかし、その統合体を欠如もしくは喪失している人たちがいると、エリクソンは述べる。

《臨床学的証拠や人類学的証拠の示すところによれば、この結果的に獲得された自我の統合体を欠如もしくは喪失しているか否かは、嫌悪および絶望の存否によって証明されるという。…(中略)…絶望とは、時は短い、別の人生をやり直すのには短すぎ、完全性に至る別の道を試みてみるのにも短すぎる、というような感情の表現である。》

——『アイデンティティ』

この箇所を何度読みかえしても、第八段階について、エリクソンは何も述べていないに等しいというしかない。成功した人生には「完全性」があるが、失敗した人生には「嫌悪および絶望」しかないと、言っているだけだからだ。

ただ、次の点だけは確かだろう。それは、〈あなた〉に対する支配の反復に終始した人生には、決して満足感は訪れないということだ。ちょうど、アルコールや薬物を求めつづける人生が満足感をもたらさないように、支配願望は決して満たされることはなく、不全感のみが残る。一方、支配される〈あなた〉としてのみ、生きることが許された人生が、限りなく貧しくなっていくことも、すでに見てきたとおりだ。

結局、ベンジャミンとエレインは、〈世界〉にも〈わたし〉にも出会うことなく、人生を終えるしかない。その意味に限るならば、「完全性」に「嫌悪および絶望」を対置したエリクソンの指摘は、正しいということになる。

人生の最終段階を、確信を持って見通すことは、誰にとっても不可能だ。ただ、〈あなた〉から〈世界〉へ、そして〈あなた〉から〈わたし〉へという通路を、たどることができなかった人生が、最後まで不全感を残したままであることは疑いえない。しかし、これ以上の検討は、次章に持ち越さざるをえないであろう。

第四章のまとめとキーワード

〈あなた〉からの別れは、青年を〈世界〉と〈わたし〉へと向かわせる。にもかかわらず、〈あなた〉に対する支配を反復しようとする人間がいる。そのとき、支配の反復は、子どもたちの上にまで及ぶことになる。

支配の反復をつづける限り、〈あなた〉へのまなざしは、どこまでも貧困化する。その結果、支配を介した閉鎖的親密性だけが目的へと転化する。しかし、閉鎖的親密性は空疎というしかない。貧困化された〈あなた〉以外には、〈わたし〉も〈世界〉も存在しないからである。

人生の最終段階を、確信を持って見通すことは、誰にとっても不可能だ。ただ、〈あなた〉から〈世界〉へ、そして〈あなた〉から〈わたし〉へという通路を、たどることができなかった人生が、最後まで不全感を残したままであることだけは、疑うことができない。

キーワード：結婚期　育児期　中年期　支配の反復　閉鎖的親密さ　アイデンティティの彼方

第五章　老年期の〈こころ〉――『ワイマルのロッテ』

アイデンティティの第九段階

老年期を考える資格を持つ者は、老人だけだろうか。切実さに直面している、あるいは直面せざるをえない存在という意味では、そうかもしれない。だが、老人は、かつては青年であったし、青年は、早すぎる死を迎えない限り、老年期へと至る宿命にある。

老年期を展望しようとする青年たちには、次のような疑問が宿ることになる。青年期の〈こころ〉は、はたしてエリクソンの言うように、「親密性対孤独」、「生産性対停滞」、「完全性対絶望」を経る中で、老年期の〈こころ〉へと、単線的な変容を被っていくばかりなのだろうか。そういう疑問である。

この疑問に答えようとしたのが、エリクソン夫人（ジョウン・エリクソン）だった。彼女は、夫であるエリクソンが提唱した八つの生活周期の先に、第九の段階としての老年期を想定したのである。

かつてエリクソンが示した生活周期の特徴は、たとえば「信頼対不信」「自律対恥・疑惑」というように、まず同調要素が述べられ、次に失調要素が述べられるという構造を持っていた。しかし、エリクソン夫人は、失調要素の方が優位に立つ状況がありうること、そして、その状況こそが第九段階の老年期にほかならないことを、指摘したのである。

エリクソン夫人によれば、第九段階の老年期においては、以下のような転倒が生じるという。

第一に、自らの能力に不信感を抱かざるをえなくなり、不信が信頼よりも優位に立つ。

第二に、医者や弁護士や成人した子どもが、こぞって口を出すようになるにつれて、自律性が信じられなくなり、恥と疑惑が優位に立つ。

第三に、若い頃にリーダーシップを発揮した人は、激しく燃やしすぎた自発性に対して、罪悪感が優位に立つ。

第四に、老年ゆえに勤勉性を失うと、有能でなくなったと感じ、劣等感にさいなまれる。

第五に、旧い価値が急激に崩れる時代においては、自らの役割が不明確となり、確立されていたはずの同一性が、混乱をきたす。

第六に、対人関係の喪失により、親密性よりも孤立が優位に立つ。

第七に、生殖および世話をするという課題からの解放は、必要とされない、あるいは役に立たないという、停滞の感覚を生む。

第八に、統合（完全性）のための回想どころか、能力の喪失や崩壊が関心のすべてになることにより、絶望が前面に現れる。

こうしてみると、老年期には、一つも良いことがないということになる。しかし、エリクソン夫人は、「人には頼るべき確固とした足場がある」とも述べている。それは、人生周期の第一段階における「基本的信頼感」であり、基本的信頼感は決して人を見捨てないというのだ。そして、老人が第九段階の失調要素を甘受することができるなら、「老年的超越」へ向かうことに成功するのだという。

では、「老年的超越」とは何か。

エリクソン夫人によれば、それは「物質的・合理的な視点から神秘的・超越的な視点への移行」だという。彼女は、次のように述べている。

《老年学者が「老年的超越」という用語を使う時…（中略）…彼らは、老人が老年期の危機に向き合うなかで獲得し遺していくものに十分な考慮を払っていない。彼らはまた、（老人が与える）新たな肯定的な精神的贈り物についても、十分な探求を行なっていない。多分、彼らは若すぎるのだ。》――『ライフサイクル、その完結』

老境に入ったエリクソン夫人は、老人が獲得して遺していくものとは、「トランセンダンス」だという。これは「トランセンデンス」（超越）から派生させた彼女による造語で、「ダンス」という語尾に躍動感を込めているらしい。そして、老年的「トランセンダンス」の域に達するためには、隠遁ではなく、「他者や地球との交流」が不可欠だと、彼女はいう。

本当だろうか。これは、「若すぎる」人間にとっては、答えようのない問いだ。だが、次のような仮説を立てることはできる。

青年期の「交流」が反復されるなかで、再び〈あなた〉との別れを経験しえたときにだけ、老人は〈世界〉と〈わたし〉に、再び向かいあうことができるようになるのではない

か。言い換えるなら、〈あなた〉との再度の別れがない限り、老年的「トランセンデンス」も「トランセンダンス」も、起りえないのではないか。

この仮説を、以下に検証していこう。

ゲーテの別れ

エリクソン夫人が想定した老年期とは、八〇歳代ないし九〇歳代だった。もちろん、それは、高齢での生存を可能にした二〇世紀末以降の社会を前提にして、はじめて成立する事態であり、過去には想定することすらできなかった年齢だ。いうまでもなく、二〇世紀以前には、それよりもはるかに若い年齢で、人々は老年期を迎えた。

たとえば、ゲーテ[32]が『若きウェルテルの悩み』（新潮文庫）の中で記した女性ロッテのモデルである、シャルロッテ・ブフは、六〇歳代で老年期を迎えている。後に詳述するように、シャルロッテは、トーマス・マン[33]の小説の中で再びロッテとして登場し、老年期に〈あなた〉からの別れを経験することになる。

だが、そのことについての考察に移る前に、青年期におけるロッテとウェルテルの別れに関して、以下に簡単に触れておく必要があるだろう。

『若きウェルテルの悩み』は、ゲーテ自身の恋愛体験を下敷きにした小説であるとされている。その梗概は次の通りだ。

ウェルテルは、美しい女性であるロッテと、舞踏会で知りあった。ロッテには真面目な婚約者がいたが、ウェルテルはロッテに夢中になった。婚約者と正式に結婚したロッテを、ウェルテルは諦めきれず、ロッテの家へ通いつづけた。

ウェルテルは、「ロッテを抱きしめ、かたく胸に押しつけ、愛の言葉をささやくその口を限りない接吻で覆った」という夢を見て混乱し、この世を去ろうとする決意を高めていった。一方、ロッテはウェルテルを遠ざけようとしたものの、「自分は実は心ひそかにウェルテルを自分のものにしたいと切望している」ことに気づくのだった。

クリスマスの数日前に、ウェルテルはロッテのもとを訪れた。「ロッテに腕をまきつけ、ロッテを胸に掻きいだいて、ロッテの震え口ごもる唇に物狂おしい接吻を浴びせた」ウェルテルに対し、ロッテは「これが最後です。ウェルテル。もうお目にかかりません」と言って隣室へ急ぎ、扉を閉ざした。

その翌日、ウェルテルは、ピストルで自殺を決行した——。

この小説をめぐって、ウェルテルと同じ体験をしたゲーテは死ななかったではないかという、批判が現れた。（この批判に対して「心憎く感じた」保田與重郎[34]は、ゲーテは死ななかったのではない、ゲーテはウェルテルを殺したのだと論じた。）このような批判を、どう考えればいいのだろうか。

ウェルテルは、若い女性ロッテから別れを告げられただけであり、年上の女性から別れを告げられ、自分を相対化させられる体験が皆無だった。言い換えるなら、二人の〈あなた〉からの別れにより、〈わたし〉と〈世界〉に直面することができなかった。そのために、ウェルテルは、〈わたし〉と〈世界〉を成立させないまま、死ぬしかなかったのである。

一方、小説の中で「ウェルテルを殺した」生身のゲーテも、ロッテのモデルからの別れに加えて、年上の女性から別れを告げられることなしには、真に〈わたし〉と〈世界〉へ向かうことができなかったはずだ。

ところが、実際にはゲーテは、年上の女性であるフォン・シュタイン夫人に求愛しながら、それを真剣に受け入れようとする夫人を尻目に、結局は夫人よりも二三歳も年下の女性と結婚したことが知られている。このことによって、生身のゲーテも、自ら〈わたし〉と〈世界〉に向かいあう機会を逃したのだ。

その結果、ゲーテは、現実社会の中で高い地位を手に入れたにもかかわらず、常に諦念を抱きつづけるしかなくなった。たとえば、現実社会ではドイツに暮らしながらも、ドイツの征服者であるナポレオンを支持した。マンの小説は、その時期におけるゲーテの主張の一端を、次のように描いている。

《私たちの目標は他の諸民族を敵視して自ら孤立することではなくて、生まれついている感情、いや、権利を失う危険をおかしても、あらゆる世界とむつまじく付き合って、社会的美徳を身につけることです。…(中略)…私たちの体のなかにはギリシア語とラテン語がぎっしりとつまっているが、征服者はそれをほとんど、もしくはなにも知らないということから反抗するのは、子供じみた悪趣味なことです。》――『ワイマルのロッテ』

〈あなた〉からの別れの失敗が、〈世界〉に対する〈わたし〉の屈服をもたらしている。このとき、〈世界〉に〈わたし〉が溶解することを避けようとするなら、諦念によって〈世界〉を回避しつづけるしか、道は残されていない。

ちなみに、後にゲーテは、『形態学論集　動物篇』『形態学論集　植物篇』(ちくま学芸文庫)

などに代表される、博物学ともいうべき著作を記しているが、それもまた、諦念のなせるわざだったというべきであろう。

(32) Johann Wolfgang von Goethe（一七四九—一八三二）：ドイツの作家。一七七四年に発表された『若きウェルテルの悩み』のほか、『ファウスト』『色彩論』など、多様な著作で知られる。

(33) Thomas Mann（一八七五—一九五五）：『魔の山』などで知られる作家。ドイツからアメリカへ亡命した。『ワイマルのロッテ』は一九三九年の作品。

(34) やすだよじゅうろう（一九一〇—一九八一）：一九三五年に「日本浪曼派」を創刊。『ヱルテルは何故死んだか』（新学社）で保田は、「ゲエテは己の近代を葬った」という言葉で、「愛情を理性にくづした」ことによって生じた近代を批判している。同様に、『ロッテの弁明』では、「ロッテは貞操であるさきに、肉体の愛の最後までふみ入らねばならなかった」と論じている。

ロッテの別れ（1）

さて、ウェルテルに別れを告げたロッテ（現実のシャルロッテ・ブフでもあるが）は、結婚して宮中顧問官夫人となり、一一人の子どもを産んだ。はるかな時間が過ぎ六三歳に達した彼女は、九番目の子どもを連れて、ゲーテの住むワイマールを訪れた。すでに彼女の頭部には、ときに老人が示すことのある、小刻みな震えが見られるようになっていた。

その様子を、皮肉な筆致の混じる、マンの小説から引用しておこう。

《「そして僕（ゲーテ・引用者註）は、愛するロッテ、僕がこれからも決して変わらないだろうと信じているあなたの気持ちをあなたの眼差に読みとることができて、幸福です——」という言葉は…（中略）…私たちがいつも変わらずに同じであったこと、年をとるのは肉体だけの表面だけのことであって、私たちのもっとも内部のもの、何十年間の道を歩きつづけてきた愚かな「私」の永遠の若さはいささかも磨りへらないこと——これは、私たちが年をとってから考えてみて不愉快でない考えである。》——前掲書

別れを告げられた男性は、結婚して諦念とともに暮らしている。他方、別れを告げた女性は、結婚し子育てをしながら、若い日に受けた求愛を、密かに手放さないままでいる。このようなロッテの〈こころ〉は、繰り返し随所で語られている。たとえば次のようにだ。

《わたしたちは時間の流れのなかで凋落し、下降をつづけたが、生命と青春とは常に上

方にとどまり、生命は常に若く、青春は常にわたしたちとならんで、わたしたち凋落した者とならんで生きつづけているのであった。わたしたちはまだ青春とともに同じ時代に生きていて、その時代はわたしたちの時代でもあるが、すでにそれは…（中略）…わたしたちの青春の再来であり、わたしたちから生まれ出た青春の額に口づけをすることができるのであった。》――前掲書

老年期へ至る過程を、「凋落」とロッテは呼んでいる。エリクソン夫人のいう、失調要素が述べられているのだ。言い換えるなら、未だ「老年的超越」へは至っていないということになる。

「老年的超越」は、単線的な自然過程としてもたらされるものではなく、何らかの意思的な力を加えない限り、獲得することはできないことが、ここに暗示されているというべきであろう。

ロッテの別れ（2）

それでは、「老年的超越」へと至るためには、いったい何が欠けているのだろうか。

ロッテは、ゲーテの暮らす街を訪れるに際して、胸のリボンがつけられていない衣装を用意した。かつて、ロッテが別れを告げたとき、彼女は婚約者と話し合って、「べそをかいた青年」をなぐさめるため、洋服のリボンを青年ゲーテに分かち与えたことがあった。その思い出にちなんで、ロッテはリボンのつけられていない衣装を、ワイマールへ持参したのだった――。

ある意味では、ゲーテにとって、この上もない残酷な行為のようにも見える。しかし、ロッテは、あくまで真剣にそうしたのだ。何のためにそうしたのか、おそらくロッテ自身にもわかっていない。単に青春時代を回顧するだけのためなら、そこまで手の込んだ用意は必要ないだろうし、ましてや、すでに高い地位を確立しているゲーテを、老年期のロッテが誘惑できようはずもないからだ。

ところで、一方のゲーテにとっては、老年期の〈こころ〉は、次のような現れ方をした。

《私は年を取るにつれて老人の私の世界をくつがえしにくる青春にたいして自分の存続のために必死に殻を閉じ、自分を守るために心を乱す新しい種類の印象のすべてにふれまいとしてきた。ところが、当時ハイデルベルクのボアスレ家の広間で、色彩と形態との新しい世界が私の眼前に忽然とひらけ、私をそれまでの感じ方と感じ方の古い軌道から踏み出させたのであった——古いもののなかの青春、青春のなかの古いものが。》——前掲書

自分を守るために、必死に殻を閉ざす。また、新しい〈世界〉が開けたとしても、それは古典の中にしかない。『色彩論』[35]を書いた頃のゲーテの〈こころ〉は、このようなものだった。

さて、ロッテがワイマールを訪れたとき、ゲーテは六七歳の枢密顧問官だった。ゲーテは、ロッテおよびその娘を、他の訪問客とともに自邸へ招待した。ロッテは、例のかざりリボンを取りさった衣装をつけて、ゲーテ邸を訪問した。

だが、ゲーテの態度は、あくまで「外交」であり、言葉は「考えぶかさと周到さ」に貫かれていた。戻りの馬車の中で、ロッテは、「ほんとうに落胆した気持、自分自身にあきたらない気持でいっぱい」だった——。

ロッテは何に対して「落胆」し、何を「あきたらない」と感じたのだろうか。かざりリ

ボンを取りさった意味に、気づいたそぶりを見せなかった、ゲーテの態度に対してなのか。それとも、積極的に青春期の話題を持ち出すことができなかった、自分自身に対してなのか。

いずれでもないことが、ほどなくわかる。マンの小説の最終場面で、ロッテは、ゲーテの幻影と対話をすることになるのだ。幻影との対話の中で、ロッテはゲーテを「あんた（du）」と呼ぶが、あくまでゲーテはロッテを「あなた（Sie）」と呼ぶ——。

《あんたの住む町を訪ねて、運命の手でわたしの生活が織りこまれたあんたの偉大さの光のなかであんたに再会し、わたしたちの断片的な物語にせめてもの結末を見つけ、わたしの余生に心の安らぎがほしかったのです。》——前掲書

これがロッテの目的だった。しかし、どこか納得しがたい点が残る。ロッテの余生にとって、それがなければ安らぎがもたらされないほどの物語の結末とは、いったい何なのだろうか。ひとまず、対話の続きをたどっていこう。

ゲーテはロッテに、「色褪せた暗示の衣装を土産にして、時の流れにしばられた身であることを、頭の震えによって感動的に物語りながら訪ねてくれましても」と、皮肉を言

う。それに対し、ロッテは、「あんたの姿は立っている姿も歩く姿も涙のこぼれるほどぎこちなくて、あんたの重々しい慇懃さと同じように、痛風薬の厄介にならなくてはならないように考えられますの」と言い返す――。

このような口論めいた遣り取りが、ロッテの目指す、物語の結末であるはずはない。だが、どこまでいっても、それらしい結末はやってこない。

ロッテは、「あんたの身辺には犠牲《いけにえ》のにおいが立ちこめている」と批判する。ゲーテは、「この私こそ誰よりも先きに、誰にもまして犠牲なんです」と、反論する。結局、ロッテは「あんたの老年が平和に恵まれますように」と、囁くしかなかった――。

青年期とは逆の事態が生じていることになる。かつてとは違って、いまゲーテはロッテに別れを告げた。だが、このことによって、ロッテは、はじめて〈世界〉と〈わたし〉へ向かう切符を、手に入れることができたのではないだろうか。

〈世界〉と〈わたし〉へ向かう切符なしには、「老年的超越」へ行き着くことができない。つまり、それがなければ安らぎがもたらされないほどの物語の結末とは、〈あなた〉からの別れだった。ロッテは、それを予感したからこそ、ワイマールを訪れたのである。

かつてウェルテルを小説の中で殺すことによって、諦念を抱え込んだゲーテとは異なり、人生最後の局面でロッテは、別れを告げられることにより、超越を手に入れたのである。

(35) ゲーテが一八一〇年に発表した光学研究書で、ニュートンとの論争の部分は、物理学的に正しくないと評価されている。

青年期の発見と老年期の発見

ここで、重要な歴史的視点を、一つだけ挿入しておこう。

ヨーロッパにおける若者集団の変遷について論じたのは、ギリス[36]である(『若者の社会史』新曜社)。ギリスはまず、工業化以前の社会では、年少者と年長者との間に明確な区別がなく、青年期は欠落していたと指摘している。そして、工業化以降に関しては、次のような指摘を行なっている。

一七七〇年から一八七〇年にかけて、工業化と都市化が開始された。この時期に、労働者階級は独自の若者文化を発達させ、中産・上層階級は近代的学生運動やボヘミアニズム[37]などの排他的集団形態を創りだしていった。

一八七〇年から一九〇〇年は、青年期の発見の時代であり、ヘルマン・ヘッセ[38]などの小説を産んだ。この時期には、子どもの数が減少するとともに、親子の同居期間が長期化した。また、ギムナジウムの要請やパブリックスクールの改革によって、子どもを監視する体制が始まった。

一九〇〇年から一九五〇年は、青年期の時代であり、中産階級的な青年期の基準が、他の社会階級へ拡張されていく過程だった。その結果、保護立法の氾濫と、青年の独立を抑制する動きが生じた。

一九五〇年から一九六〇年代は、青年期の終焉の時代であり、中産階級の娘や息子たちは、一世代前には思いもよらない早い人生段階で、社会的および性的成熟過程に入る。つまり、経済的な意味を別にすれば、完全に大人なのである。

ところで、ゲーテが『若きウェルテルの悩み』を発表したのは、一七七四年だった。ギリスの区分でいえば、青年期の発見に先立つ時代に相当する。それに対して、トーマス・マンが『ワイマルのロッテ』を著したのは一九三九年であり、青年期の時代に属する。つまり、マンは、青年期の時代から青年期の発見以前を、俯瞰していることになる。ゲーテに対するマンの批判的筆致の源泉は、一つにはここに由来している。

それでも、青年期の発見以前から、ゲーテが青年期と老年期との関連を洞察していたことに、マンは気づいていた。『ワイマルのロッテ』の中で、マンはゲーテをして、以下のように語らせている。

《人間はすべての段階を反復して、青春を老年のなかに、老年を青春として経験することができるのだ。…(中略)…これは青春の不安、無力、冷淡の克服であり、生命の環が閉じ合わさって死を追放することでもある。》——前掲書

青年期の発見に先立つ時期に、老年期もまた発見されつつあったことがわかる。ただし、それは青年期の反復によって死の追放を目指す過程としてであり、「老年的超越」とは逆方向の力が、そこには働いていた。

こうなると、老年期は〈あなた〉に執着しつづけるだけの時期になってしまう。少なくとも、ゲーテの〈こころ〉の中には、そうなってしまうおそれが、常に存在していた。だから、ゲーテは、あえて執着を断ちきるために、「必死に殻を閉じ」ようとしつづけたのである。ところが、ロッテの場合は違っていた。すでに見てきたように、青年期の反復が不可能になった結果、ロッテは〈あなた〉からの別れを媒介に、「老年的超越」への切符を手に入れることができたからである。

ゲーテの老年期とロッテの老年期の差違は、青年期の発見以前と青年期の時代との差違

老年期もまた未分化であり、に照応している。つまり、**青年期の発見以前においては、〈あなた〉から離れて〈世界〉と〈わたし〉へ向かうことは困難だった。しかし、青年期の時代になると、〈あなた〉から離れて〈世界〉と〈わたし〉へ向かう道筋が舗装された。そのため、青年期と同じ道筋をたどって超越へ至ることが、老年期においても可能になったのである。**

繰り返すなら、ゲーテに対するマンの批判的筆致は、マンが青年期の発見以降の文学者であったことに、根拠を持っている。

(36) John R. Gillis（一九三九―　）：『結婚観の歴史人類学』などの著書がある。
(37) 世間一般のルールに従わず、芸術活動などを行なう人たちの運動を指す。
(38) Hermann Hesse（一八七七―一九六二）：ドイツの作家。『車輪の下』などの小説および抒情詩を数多く発表した。

第五章のまとめとキーワード

〈あなた〉からの別れの失敗は、最も優れた人間の〈こころ〉においてさえ、〈世界〉に対する〈わたし〉の屈服をもたらす。その後、〈世界〉に〈わたし〉が溶解することを避けようとするなら、老年期に至るまで、諦念によって〈世界〉を回避しつづけるしかない。

「老年的超越」は、単線的な自然過程としてもたらされるものではない。〈世界〉と〈わたし〉へ向かう切符なしには、超越へ行き着くことができないからだ。青年期の交流が反復され裏切られる中で、再び〈あなた〉との別れを経験しえたときにだけ、老人は〈世界〉と〈わたし〉に、再び向かいあうことができるようになる。

青年期の発見以前においては、老年期もまた未分化であり、〈あなた〉から離れて〈世界〉と〈わたし〉へ向かうことは困難だった。しかし、青年期の時代には、〈あなた〉から離れて〈世界〉と〈わたし〉へ向かう道筋が舗装され、老年期にも同じ道筋をたどって超越へ至ることが可能になった。

以上が、「若すぎる」人間が、老年期について考えうる内容のすべてだ。

キーワード：諦念　老年的超越　青年期の発見　老年期の発見

Ⅲ 〈こころ〉のゆらぎ

第六章　〈あなた〉のゆらぎ——『賭博者』と『カラマーゾフの兄弟』

〈あなた〉との出会いの失敗

〈あなた〉からの別れは、いうまでもなく、それ以前に〈あなた〉との出会いがあり、〈あなた〉との交流があることが前提だ。

だが、〈あなた〉と出会わないうちに、あるいは、〈あなた〉と出会うやいなや、〈あなた〉からの別れを強いられる場合がある。また、〈あなた〉と出会いながらも、〈あなた〉との交流が不十分なまま、〈あなた〉から別れざるをえない場合もある。

そのようなときに、仮面としての〈わたし〉が生じ、誰かに見られているという自意識が生じることについては、すでに第三章で触れた。これらの仮面や自意識が、青年期になって増幅すると、解離と呼ばれる現象が生じることになる。

昔から、解離は、〈こころ〉の統一性が上層で保たれないときに、より下層の〈こころ〉が、ほころびから顔をのぞかせるように出現する現象だと、考えられてきた。

解離とは何かに関して、もっとも核心的な記述を行なっているのは、柴山雅俊[39]である。柴山は、解離の諸症状を、空間的変容と時間的変容に分けて考えている。

前者には、離人（自分自身に対する非現実的感覚）・疎隔（周囲世界が非現実的であるという感覚）・気配過敏・対人過敏・自己像幻視（自分の姿を外界に見る現象）などが含まれる。後者には、心因性健忘（大きなできごとに遭遇して記憶を喪失すること）や多重人格などが含まれる。なお、もうろう状態は、前者と後者の中間に位置づけられる。

一般に、解離という言葉で思い浮かべるのは、多重人格に代表される時間的変容の系列だろう。しかし、柴山に従うなら、解離の原基は空間的変容の系列にある。なぜなら、自分自身を非現実的に感じる（離人）からこそ、「仮面としての〈わたし〉」が必要とされるのだし、周囲世界が非現実的に感じられる（疎隔）からこそ、「誰かに見られているという自意識」（気配過敏・対人過敏）が生じるからである。

このように見てくると、**解離の原基は、〈あなた〉との出会いの失敗から発生するとい**

うことになる。〈あなた〉との出会いの失敗ゆえに、〈こころ〉は、〈わたし〉へ向けても〈世界〉へ向けても離陸することができず、〈あなた〉の周辺をさまようしかない。つまり、〈こころ〉は、離人や疎隔という姿をとりながら、〈あなた〉から離れることができないのである。

(39) しばやままさとし(一九五三—):精神科医。著書に『解離性障害』(ちくま新書)ほか。

マイナーな解離とメジャーな解離

ただし、解離が常に病的であるとはいえない。たとえば、パトナム[40]は、白昼夢・会話中に上の空になる体験などのような、日常生活上の「マイナーな解離」から、多重人格のような「メジャーな解離」までをひとまとめにして、解離連続体と呼んでいる(『多重人格性障害』岩崎学術出版社)。

「マイナーな解離」とは、いわば正常な解離である。人は多かれ少なかれ〈あなた〉を喪失しているところがある。[41]とりわけ、母親との出会いの失敗を、多少とも含みながら青年期を迎える。そのため、〈あなた〉の喪失や〈あなた〉との出会いの失敗を、何らかの方法で埋めあわせざるをえない。

その埋めあわせ行為が、日常生活の範囲で終始するとき、それはマイナーな解離と呼ばれることになる。先に述べた白昼夢や、空想癖・想像力・芸術の一部は、マイナーな解離に属する。ただし、想像力は、夢を経て、メジャーな解離の方へ向かいはじめることもありうる。たとえば、ドストエフスキー(42)の小説にみられる、次のような場面だ。

《彼は記憶を失った。…(中略)…漆喰や、埃や、よどんだ水の匂いがした。ラスコーリニコフは、悲しい、もの思わしげな顔で歩いていた。彼ははっきりと記憶していた。なにかの目的があって家から出てきたのだ、なにかをしなくては、急がなくてはならなかった。けれども、それがはたしてなんなのか、思いおこせない。ふと立ちどまった、通りの反対側の歩道に男が立ち、彼に手招きしているのが見えた。》――『罪と罰』

これは、ラスコーリニコフが体験した、夢の場面だ。ただし、夢といっても、通常の睡眠中における夢ではない。一家を救うために娼婦となった「やさしい目をした愛らしい」ソーニャの名前を呼びながら、ラスコーリニコフが倒れたときの夢だ。つまり、彼は、「やさしい目」のソーニャを、〈あなた〉として求めながら倒れたのである。

ラスコーリニコフの夢の中には、「ラスコーリニコフは、悲しい、もの思わしげな顔で歩いていた」といった自己像幻視に類似した特徴や、「通りの反対側の歩道に男が立ち、彼に手招きしている」といった対人・気配過敏症状といってよい特徴が含まれている。つまり、マイナーな解離からメジャーな解離へと、病理性が進行しているのである。

ここに至ると、夢の中だけではなく現実の中でも、病理性が他者の目にははっきりとわかる形で、出現することになる。以下に示すのは、ラスコーリニコフ（愛称はロージャ）が、妹（ドゥーニャ）と実業家との結婚に反対し、妹および母親（プリヘーリヤ）と言い争う場面だ。

《すっかり冷静さを失って、ドゥーニャは叫んだ。「…（中略）…こういう結婚は、兄さんが言うような卑しい行為じゃない！…（中略）…どうしたの、顔がまっ青じゃないの？　ロージャ、いったいどうしたの？　ロージャ、兄さん！……」「たいへん！気絶させちゃって！」プリヘーリヤが叫んだ。》——前掲書

さしあたり、ラスコーリニコフの眼前に〈あなた〉として登場しているのは、妹のドゥーニャだ。ラスコーリニコフは学費滞納のため大学から除籍され、母親のプリヘーリヤは

貧しい年金暮らしをしている。もし、妹のドゥーニャが、予定通り実業家と結婚することになれば、経済的には楽になるだろう。しかし、ラスコーリニコフは、それを認めることができない。ラスコーリニコフは、自分のために妹が犠牲になるような結婚を、認めることができないのだ。

しかし、それ以上に、ラスコーリニコフの〈こころ〉にとって、妹は、ちょうど宮沢賢治の妹（第一章参照）や太宰治の姉（第三章参照）のような、かけがえのない〈あなた〉だったのではないか。だからこそ、妹が実業家によって奪いさられようとしていると感じた、ラスコーリニコフの〈こころ〉は、〈あなた〉である妹から離れられず、解離としての意識消失発作（気絶）を来たしたのである。

つまり、**〈あなた〉から離れられない〈こころ〉の動きは、〈あなた〉の目に映る行動へと形を変えて、〈あなた〉の注意を惹きつけようとするに至る**のである。ここまで見てくるなら、マイナーな解離が、〈あなた〉の周辺をさまよう〈こころ〉の動きであるのに対して、そこから発展したメジャーな解離は、〈あなた〉を引きとめようとする〈こころ〉の動きへと変形されたものであることは、明らかといえよう。

（40）Frank W. Putnam（一九四七―　）：米国の精神科医。ベトナム帰還兵の外傷後ストレス障害の治療を契機に、心的外傷の研究に進んだという。
（41）このあたりの考察は、森山公夫『インタヴュー解離論の新構築』（聞き手＝高岡健）（「精神医療」四二巻八頁）に拠っている。
（42）Fedor M. Dostoevskii（一八二一—一八八一）：ロシアの作家。『地下室の手記』『罪と罰』『カラマーゾフの兄弟』などの作品で知られる。

ドストエフスキーの解離（1）

このほかにも、ドストエフスキーの小説には、しばしば解離を描写した場面が登場する。そのうちのいくつかを記しておこう。

たとえば、ドストエフスキーの実体験を基にしているといわれる『賭博者』には、ポリーナという女性が、「発作」を起こす場面がある。これを、ドストエフスキーは、「ヒステリー」と呼んでいる。

《彼女は泣くのも、笑うのも、両方いっぺんだった。…（中略）…それは一種のうわごとであり、一種の舌足らずなお喋りだった…（中略）…こんな甘えと愛情の発作におそわれた彼女を、わたしはこれまで一度も見たことがなかった。もっとも、これはもちろん、うわごとではあったが…（後略）》――『賭博者』

『賭博者』の主人公は、「こうした一時的な精神錯乱は理解できないけれども、もちろん、この時の彼女が正気でなかったことは知っている」と述べつつ、「精神錯乱」の原因について、さまざまな解釈を試みようとしている。

彼女のプライドが、そうさせたのか？　それとも、自暴自棄か？　そう考えた末に、主人公は、「彼女のうわごとや病気」は自分が何をしているかを忘れてしまうほどには、ひどくはなかったのではないかと考えるに至る。「彼女は、自分が何をしているかを、わきまえていた」というのである。つまり、彼女の発作は、「甘えと愛情」を訴えているという意味だ。

また、別の小説には、次のような場面が描かれている。

カラマーゾフの三兄弟の母親は、生前に「おキツネさん」と呼ばれる発作を起こしていた。この発作は、いつ始まるか予測がついた。その発作の話を老人が語っている最中に、三兄弟の三男アリョーシャが、発作を起こし始めた――。

《アリョーシャは、テーブルからつと立ち上がると、話のなかで彼の母親がしたのとまったく同じように両手をぴしゃりと打ち合わせ、それから顔をおおい、なぎ倒されるようにして椅子の上に崩れおちた。そしてとつぜん体を揺すりたてて声もなくしゃくりあげながら、ヒステリーの発作に全身をふるわせはじめた。》――『カラマーゾフの兄弟』

ドストエフスキーは、この発作を、やはり「ヒステリー」と呼んでいる。『賭博者』の場合と違って、この「ヒステリー」は、必ずしも「自分が何をしているかを、わきまえていた」とはいえないかもしれない。それでも、母親の発作が予測可能であったように、三男アリョーシャの発作もまた、母親の話題を引きがねにしているという点で、予測可能な現象であるとはいえる。

ドストエフスキーの生きた一**九世紀は、解離の原型が保存されていた時代である。この時代に「ヒステリー」と呼ばれた解離は、〈あなた〉に何ごとかを訴えるための情報伝達手段であり、それゆえにあくまで予測可能な精神現象であった。**

ドストエフスキーの解離（2）

では、次のような場合はどうであろうか。

カラマーゾフ家の下男スメルジャコフが、三兄弟の二男イワンに語りかける場面である。スメルジャコフは、殺人事件の共犯者として疑われるおそれに直面していた——。

《「若旦那さま、ぼくは明日にも、きっと長い癲癇《てんかん》の発作が起きるなと思っているところなんですよ」…(中略)…「でもな、癲癇というのはこれこれ何時に起きるなど、前もって予知できないっていうじゃないか。…(中略)…明日から三日間、癲癇の仮病を使う気でいるんだろう？　どうだ？」》——前掲書

二男イワンの反問に対する下男スメルジャコフの答えは、「かりにそんな仮病を使ったにしてもです、それだって自分の命を死から救いだすために用いる手段なわけですから、こちらとしては当然の権利ですよ」というものだった。病いを患うことによって、殺人事件を裁く舞台へと引きずりだされる事態を、回避できるという意味だ。

予測可能な「ヒステリー」発作から、予測不能な「癲癇」発作へと変遷しても、ある目

的に合致した行動だという点では、かわりがない。そういう指摘がなされていることになる。しかし、ここに至ると、「発作」の持つ意味は〈あなた〉を離れ、〈世界〉から〈わたし〉を守るための、手段へと転化しつつあることがわかる。

近代を先取りしたドストエフスキーの頭脳の裡にだけは、一九世紀の現状から離陸した、「ヒステリー」と「癲癇」の像が宿っていた。繰り返すなら、〈あなた〉から離れて、〈世界〉を引き寄せる像が結ばれていた。ただし、それは、あくまで当座の〈わたし〉を守るという目的の範囲にとどまる引き寄せであり、〈世界〉を解釈し変革する地点にまでは至ることがなかった。

さらに、別の作品でドストエフスキーは、次のような精神現象を描写している。

小説『二重人格』の主人公ゴリャートキンは、貧しい境遇へ追いやられた、才能のない小役人だ。主人公ゴリャートキンは、夜中のペテルブルクで、自分とそっくりの人物である新ゴリャートキンを目撃した——。

すなわち、自己像幻視である。新ゴリャートキンは、才能があり積極的だが傲慢な性格の持ち主であり、主人公ゴリャートキンを追いつめて恐怖と混乱に陥れる。

サロンで、主人公ゴリャートキンの前に、医師のクレスチヤン・イワノーヴィッチが姿を現した。人々は、主人公ゴリャートキンと医師を馬車に乗せようとした。他人の不幸を喜ぶ新ゴリャートキンが、馬車の扉を開けた。

仕方なく、主人公ゴリャートキンは医師と馬車に乗った。馬車が走り出すと、人々は叫び声をあげて馬車とともに駆け出した。無作法きわまる新ゴリャートキンは、窓枠から首を突っ込んで、主人公ゴリャートキンに投げキッスを送った――。


《やがて、彼は人事不省に陥ってしまった……。ふとわれに返ったとき、馬車はどこか見覚えのない道を走っていた。…（中略）…われらの主人公はあっと叫んで、両手で頭をかかえた。ああ！　彼はずっと以前からこのことをすでに予感していたのである。》

――『二重人格』

主人公ゴリャートキンは、施設へ強制的に収容されるのだろう。自己像幻視や人事不省といった解離現象は、もはや、〈あなた〉のまわりをさまよっているのではない。また、単に〈世界〉から〈わたし〉を守ろうとしているのでもない。

それどころか、それらは、〈世界〉から迫害される〈わたし〉そのものを表現している。

近代を先取りしたドストエフスキーの頭脳の裡には、一九世紀の現状からさらに離陸した解離の像が宿っていたのである。

近代へ向かう過程の中で、解離には、〈あなた〉のまわりをさまよう意味と、解決不能な〈世界〉の中の〈わたし〉を問う意味の二つが、含まれるようになった。前者は解離の原基的意味であり、後者はその派生的意味にほかならない。

解離型コミュニケーション——二〇世紀～二一世紀

二〇世紀から二一世紀へ移るにつれて、解離は、原基的意味を残しつつも、派生的意味を増大させた。そのことを、リストカット（手首自傷）およびオーバードーズ（過量服薬）という現象を例にとって、検証していこう。リストカットやオーバードーズには、多かれ少なかれ、常に解離が含まれているからだ。

よく知られているように、リストカットは、剃刀などで手首に浅い傷をつける行為を反復することを、典型とする。しかし、傷口が必ずしも浅いとはいえない場合や、上腕（アームカット）・大腿（レッグカット）・足（フットカット）を傷つける場合もある。また、オーバードーズは、通院先の精神科で処方された薬物を一度に大量服薬する場合が多いが、市販薬やインターネットを介して購入した薬剤が用いられることも少なくない。

リストカットとオーバードーズは、しばしば併存して出現する。その他に、自ら火傷を負うといった、自傷行為を伴うこともある。狭義の自傷行為には、過食嘔吐や薬物乱用など、広義の自傷行為も少なからず併存するため、それらを一括して自己破壊的行動と呼ぶこともある。

自己破壊的行動には、共通する心理的背景があると考えられている。たとえば、ある精神科医[43]は、リストカットの動機を検討し、解放感を求めている場合・自己陶酔を求めている場合・他者操作やアピールを求めている場合の三つに分類している。

また、別の精神科医[44]は、リストカットを生むメカニズムとして、「ヒステリー」機制（注意や関心を惹くことで相手を支配しようとする）・「手首の人格化」機制（手首を母親に見立てて攻撃する、自分を罰するために手首を切る）・「自我機能の回復」機制（痛みを感じることで自己の現実感覚を取り戻す）・「否認・逃避」機制（自傷することで真の心理的葛藤から目をそらそうとする）の四つを挙げている。

これらを、前項までに述べてきた内容に基づいて、再構成してみよう。

他者操作やアピールを求めている場合、あるいは注意や関心をひくことで相手を支配しようとする機制とは、〈あなた〉に何ごとかを伝えようとするメッセージにほかならない。

手首を母親に見立てて攻撃する、自分を罰するために手首を切るといった機制は、その変形である。（ちなみに、自分を罰するといっても、それは〈わたし〉そのものについて考えているのではなく、あくまで〈あなた〉に従属した〈わたし〉を考えているに過ぎない。）これらは、〈あなた〉のまわりをさまよう解離である。

他方、自己陶酔を求めている場合、あるいは自傷することで真の心理的葛藤から目をそらそうとする機制とは、〈あなた〉を離れて〈世界〉から〈わたし〉を守ろうとしつつも、それが十分には成功していない事態を意味する。

そして、解放感を求めている場合、あるいは痛みを感じることで自己の現実感覚を取りもどす機制は、〈世界〉の中で〈わたし〉が消滅していくことを、かろうじて喰い止めようとする行為であると、位置づけることができる。これらは、解決不能な〈世界〉および〈わたし〉を問う解離にほかならない。

リストカットやオーバードーズには、右に記したそれぞれの意味が、混淆して含まれている。ただ、ドストエフスキーの時代とは違って、近代以降は、〈あなた〉のまわりをさまよう前者の意味よりも、解決不能な〈世界〉および〈わたし〉を問う後者の意味が、比重を増しているのである。

いま、**〈あなた〉のまわりをさまよいつつ、何ごとかを伝えようとする形態を、解離型コミュニケーションと呼ぶことにしよう。このとき、〈わたし〉は現在の〈あなた〉との関係を離れることがない。つまり、〈あなた〉に規定された現在の〈わたし〉を参照しているだけである。**

すると、解離型コミュニケーションのゆらぎから回復する方法は、理論的にはそれほど困難ではないことになる。〈あなた〉からの別れを受容することによって、〈わたし〉が〈わたし〉と〈世界〉へ向かいあう道を歩めばよいからだ。

では、〈あなた〉から離れて、解決不能な〈世界〉および〈わたし〉を問う形態は、どのようなコミュニケーションへ向かっていることになるのか。また、どのような〈わたし〉を参照しようとしているのか。そういう疑問が浮上してくる。

だが、これらの重要な問いに対する回答は、次章以降に譲ることにしよう。

(43) 柏田勉『Wrist Cutting Syndrome のイメージ論的考察』(「精神神経学雑誌」九〇巻四六九頁)

(44) 安岡誉『青少年の手首自傷(リストカット)の意味するもの』(「こころの臨床 à la carte」一一巻三一頁)

第六章のまとめとキーワード

〈あなた〉との出会いの失敗から、解離の原基は発生する。〈あなた〉との出会いの失敗ゆえに、〈こころ〉は〈わたし〉へ向けても〈世界〉へ向けても離陸することができず、〈あなた〉の周辺をさまようしかないからだ。

〈あなた〉から離れられない〈こころ〉の動きは、〈あなた〉の目に映る行動へと形を変えて、〈あなた〉の注意を惹きつけようとする。かつて「ヒステリー」と呼ばれていた解離は、〈あなた〉に何ごとかを訴えるための情報伝達手段であり、それゆえにあくまで予測可能な精神現象であった。

〈あなた〉のまわりをさまよいつつ、何ごとかを伝えようとする形態を、解離型コミュニケーションと呼ぶなら、このとき、〈わたし〉は〈あなた〉との関係を離れることがない。〈あなた〉に規定された、現在の〈わたし〉を参照しているだけである。

解離型コミュニケーションのゆらぎから回復するためには、〈あなた〉からの別れを受容することによって、〈わたし〉が〈わたし〉と〈世界〉へ向かいあう道を歩めばよいことになる。

キーワード：解離の原基 〈あなた〉への情報伝達 解離型コミュニケーション 解離型コミュニケーションからの回復

第七章 〈わたし〉のゆらぎ――『田園の憂鬱』と『都会の憂鬱』

抑うつ型コミュニケーション

繰り返し述べてきたように、〈わたし〉の成立は、〈あなた〉の成立を前提とする。〈あなた〉から別れを告げられることによって、はじめて〈こころ〉は〈わたし〉へと向かうのだった。

ところが、近代以降になると、〈あなた〉が成立しないまま〈わたし〉を求めざるをえない事態が、進行していった。前章に記した通り、このような性急な〈わたし〉の希求は、しばしばリストカットやオーバードーズなどの解離を伴う。

そのとき、〈あなた〉から離れて解決不能な〈世界〉および〈わたし〉を問う形態は、どのようなコミュニケーションへ向かっていることになるのか。また、どのような〈わたし〉を参照しようとしているのか。これらが、前章で残した問いだった。

解決不能な〈世界〉の中の〈わたし〉は、どこまでも不安定な存在だ。そこで束の間でも安定を得ようとすれば、無理やりにでも〈わたし〉の成立根拠を見出すしかない。そのため、自らの苦悩の原因を求めて、自分史を遡ろうとする人たちが現れるようになった。過去に負ったはずのトラウマ（心的外傷）を、探り当てようとする人たちだ。

ここで、村上龍の小説のうちの一つを、取り上げてみよう。

彼の小説にしばしば登場するヤザキという男性が、レイコという女性について語る場面がある。レイコには、おそらくトラウマがあった。それも、「叔父さんに犯されたとか、母親が狂って誰かを刺すのを目の前で見たとか、兄妹が河で溺れ死ぬのを見ながらどうすることもできなかったとかそういう強烈なやつ」だ。

しかし、ヤザキは「そんなものには興味がない」。ただ、レイコのトラウマが、彼女に「根源的な無力感」と「自分自身への低い評価」をもたらした結果、「メジャーな成功よりはマイナーで優しい人間達とのつき合いを選ぶ原因」になっているとは考えている。

そのレイコから、ヤザキは「傷」を受けた——。

《レイコは付き合いが続いていく中のあるポイントまで来ると、態度を急変させて相手をまごつかせ傷を与える…（中略）…相手はびっくりするよ、当然、ひどい無力感を味わう、それはもちろんレイコがいつも味わってきた無力感なんだ…（中略）…オレは小さい頃にオヤジを失くしたし、一度結婚している時に子供を失くしたこともある、二つともひどい体験だった、どっちがひどいかなんてことじゃもちろんなくて、喪失感の質が違ったんだ…（後略）。》――『メランコリア』

レイコが態度を急変させたことによる「傷」が、ヤザキを「ゆううつ」へと陥れたというのだ。それでは、ヤザキはレイコから別れを告げられたことによって、「ゆううつ」へと至ったのだろうか。この場面は、それほど単純ではない。

以下に、少し説明を加えてみよう。

「そんなものには興味がない」といいながら、過去のトラウマがレイコに及ぼしている影響を、ヤザキはしっかりと把握しているようだ。同時に、ヤザキ自身も、過去に少なくとも二つのトラウマを負っている。そして、トラウマを負った者同士が惹かれあうことは、珍しくない。

つまり、このときヤザキは、現在のレイコではなく、過去のレイコを見つめている。同時に、ヤザキは、現在のヤザキをではなく、過去のヤザキを見つめている。こうして、過去のトラウマに捕縛された二人の間の「傷」が、二人に「ゆううつ」をもたらしているのである。

互いの過去へと遡及することによって「ゆううつ」をもたらすコミュニケーションを、抑うつ型コミュニケーションと名づけることができる。このようなコミュニケーションにおいては、〈わたし〉は、過去の〈わたし〉と過去の〈あなた〉を、参照しているだけである。

抑うつ型コミュニケーションの諸相（1）

ヤザキの「ゆううつ」は、あくまで「ゆううつ」の水準にとどまり、精神病（うつ病）の水準にまでは至っていない。

フロイトは、正常な悲しみとうつ病の悲しみを区分する指標として、二つの点を挙げている。

第一は、正常な悲しみでは何を失ったかに気づいているが、うつ病の苦しみでは失ったものの中味に気づいていないという点だ。第二は、正常の悲しみでは外の世界が空虚で貧しくなるが、うつ病の悲しみでは自分を責めるために、自らの内が空虚で貧しくなるという点だ。

ヤザキの場合、失われたものはレイコとの交流であることを知っているばかりか、その理由を推測することまでもが可能になっている。また、自責は生じず、過去にヤザキ自身が被った二つのトラウマとは、質の異なる喪失感を抱くにとどまっている。

このように、抑うつ型コミュニケーションは、精神病としてのうつ病の水準に陥ることを、必須とはしない。ただ、人間の〈こころ〉が、過去の〈あなた〉と〈わたし〉を参照するということのみを、本質とするのである。

ところで、小説『メランコリア』には、もう一つの重要な指摘が含まれている。それは、「ゆううつが好きってこと?」と尋ねられたヤザキが、次のように答える場面だ。

《ひょっとしたらね、そのゆううつに充実感がある場合には好きなのかも知れない、昔から大きな仕事を終わったときにはそういうのがあった、ゆううつで、充ち足りてるって状態だよ…(後略)》――前掲書

「大きな仕事を終わったとき」にうつ病が生じるというのは、精神医学の世界ではよく知られた事実だ。村上龍は、おそらく勉強をして、そう記しているのだろう。しかし、大事なのはその点ではない。「ゆううつ」の持つ「充実感」という部分だ。「充実感」を嗜癖性と言い換えてもよい。アルコールや薬物に嗜癖性があるように、「ゆううつ」にも嗜癖性がある。なぜだろうか。

コミュニケーションが過去に留まりつづけるがゆえに成立する〈わたし〉が、永続的に存在するためには、過去を参照しつづけるほかはない。言い換えるなら、過去を参照している限り、〈わたし〉の安定が保たれるのだ。これが、「ゆううつ」の嗜癖性の根拠である。逆にいえば、この嗜癖性こそが、〈こころ〉が過去へ留まりつづける要因にほかならない。

繰り返すなら、**抑うつ型コミュニケーションには嗜癖性がある。それは、過去の〈わたし〉が、過去の〈あなた〉に留まりつづける要因になる。この逆説的な心地よさは、精神病性のうつ病へと陥るのでない限りは、〈こころ〉をとらえて離さない効果さえ生むといいうる。**

抑うつ型コミュニケーションの諸相（2）

抑うつ型コミュニケーションは、過去の〈わたし〉が過去の〈あなた〉に留まりつづけることを本質とすると、述べてきた。しかし、〈あなた〉の過去が不明確になった結果、〈わたし〉の〈こころ〉が〈わたし〉の過去だけを参照する場合がありうる。

佐藤春夫(45)の小説『田園の憂鬱』に登場する「彼」は、妻と二匹の犬を連れて、武蔵野の尽きるところに建つ、草屋根の家へと引っ越した。妻の過去は明示されていないが、「彼」の過去は、次のように回想される。

順を追って抜き出してみよう。

・激しい風の日に、故郷の童謡の合唱が、「彼」の耳元に伝わってきた気がした。

・合唱を見惚れている子ども時代の「彼」が頭に浮かび、それが糸口となって子ども時代を思い出した。

・八歳か九歳の頃、幻覚とも夢ともつかない花を見た。

・五歳か六歳の頃、嘘をついた夜は眠れず、母を揺り起こして許しを乞うた。それから、毎夜、機織《はたおり》の幻聴を聞いた。

・母の顔を思い起こそうとすると、丹毒《たんどく》に罹っていた昔の母の、奇怪な顔が浮かんだ。黒い薬を顔一面に塗り、落ち窪んだ眼ばかりが光って、病床の傍へ来てはならないと手を振った、怪物のような母の顔だった——。

一つひとつのエピソードは、たしかに幻覚とも夢ともつかないもので、明らかに病的な症状とまではいえない。しかし、こう列挙してみると、「彼」が空想癖の強い資質を持った子どもだったというにとどまらず、「彼」と母との関係が、何かしらぎくしゃくしたものだったことがわかる。

「彼」は、嘘をついたことを過剰に悩む子どもだった。第三章における太宰治の嘘がそうであったように、子どもの嘘には、母の関心を惹きたいという願望が潜んでいる。なのに、母はそれに気づいてくれない。そこで、子どもは母を揺り起こしてまで、嘘に気づいてほしいと行動する。

また別の場合には、丹毒のためとはいえ、子どもの「彼」を寄せつけない母がいる。たとえ奇怪に見えようと、母は母であるはずなのに、理由がわからないまま拒絶されてしまう。

このように、現在の「彼」が過去を参照するとき、ある種の入り組んだ構造が浮上していることは明らかだといえよう。

一方、「彼」は、前項のヤザキがレイコの過去に関心を寄せたようには、妻の過去に関心を寄せていない。「彼」が参照するのは、あくまで「彼」の過去のみであり、そのとき引き寄せられるものは、「彼」と母との関係のみである。

それでは、その先に「彼」が抱く思考とは何か。以下に列挙してみよう。

・こんな心持は、死を前にした病人の心持に相違ない。自分は遠からず死ぬのではなかろうか。

・何の興味も起こさない本を読もうとすると、「現世以上の快楽ですね。闇と露との間に山深くねて」という、メフィスト（ゲーテの『ファウスト』に登場する悪魔・引用者註）のせりふが、眼にとびこんできた。これこそが、武蔵野の果てへ引っ越した当座の気持ちだったと、はっきり「彼」は解った。

・つづいて読んでいくと、「もう大ぶお疲れが見えている。これがもっと続くと、陽気にお気が狂うか、陰気に臆病になってお果てになる」という言葉があった。「彼」は恐ろしくなった——。

死についての思考が浮かぶようになったとき、「彼」にはすべての活字が、自分について語っているかのように感じられていることがわかる。つまり、情報の自己関係づけが生じているのだ。

ここには、**抑うつ型コミュニケーションの、より進行した形態がある。このようなコミュニケーションにおいては、〈わたし〉は過去の〈わたし〉のみを参照するにとどまらず、あらゆる情報は〈わたし〉に関係づけられて思考される**ことになる。

(45) さとうはるお（一八九二—一九六四）：小説家、詩人。『殉情詩集』『晶子曼陀羅』などの作品で知られる。

抑うつ型コミュニケーションの諸相（3）

『田園の憂鬱』では、〈世界〉は無いに等しい。あるにしても、そこには人間が存在しない。「彼」が見た次のような幻影は、そのことを示している。

《それの一つは極く微細な、しかし極く明瞭な市街である。それの一部分である。ミニアチュアの大きさと細かさとで、仰臥している彼の目の前へ、ちょうど鼻の上あたりへ、そのミニアチュアの街が築かれて、ありありと浮かび出るのであった。…(中略)

…不思議なことには、立派な街の夜でありながら、どんな種類にもせよ車は勿論、人通り一人もない…（中略）…メルヘンにある小人国から巨人国へ、それから再び、巨人国から小人国へ、ただ一翔《かけ》りで往復している心地がした。》――『田園の憂鬱』

「彼」は、小人幻覚[46]にさいなまれている。もちろん、小人幻覚自体が、ただちに精神病の症状というわけではない。しかし、重要なのは、そこに「人通り一人もない」という点だ。つまり、〈世界〉の中に存在しているのは、「彼」一人なのである。

ただし、「彼」一人の〈世界〉は、どちらかというと愉快だった。幻影は、幻聴を前触れにしてやってくることが多かったが、それらの幻聴はオルガンの音や楽隊であり、「彼」はそれを愉しんだ。

しかし、不気味で辛い幻影も現れた――。

《或る時には、稀に、その風景の代りに自分自身の頭であることがあった。自分の頭が豆粒ほどに感じられる…見る見るうちに拡大される…家一杯に…地球ほどに…無限大に…どうしてそんな大きな頭がこの宇宙のなかに這入りきれるのであろう。と、やがてまたそれが非常な急速度で、豆粒ほどに縮小される。》――前掲書ここで引用した幻覚は、不思議の国のアリス症候群[47]と呼ばれる。この症候群もまた、必ずしも精神病症状を意味するものではない。

ただ、〈世界〉のなかに一人だけ存在する「彼」は、必然的に自らを肥大化するか、逆に矮小化するかのいずれかによってしか、存在が許されていないという点が、重要なのである。言い換えるなら、ありのままで等身大の「彼」は、抑うつ型コミュニケーションにおいては存在しえないということになる。

このように、**抑うつ型コミュニケーションの〈世界〉には、人間が〈わたし〉一人しか存在しない。しかも、その〈わたし〉は、等身大の〈わたし〉ではなく、過大にか過小にかは別として、常に変形された〈わたし〉なのである。**

(46) 小人物・小動物・小物体が現れ、周囲がスウィフトの『ガリバー旅行記』の世界のように見える幻覚。小人幻覚は娯楽性を帯びる。

(47) ルイス・キャロルの『不思議の国のアリス』に似て、身体像の奇妙な障害と、対象の位置・大きさ・距離に関する錯覚を呈する症候群。

慢性化と回復

さて、『田園の憂鬱』の続編である『都会の憂鬱』になると、「彼」の輪郭と妻の輪郭が、少しずつ明らかになっていく。

「彼」は「何の才能も素養もない文学青年」で、「彼」の父は田舎の開業医であり、その祖父もまた医者だった。一方、妻は「場末の劇場に出る下っ端の女優」だった。二人は、田園の家を空けたままにして、犬とともに都会へ戻ってきたのだった。

だが、「彼」には、進行した抑うつ型コミュニケーションが続いたままだった。

《自ら憐れむような、自ら蔑《さげ》すむような、また何事ともしれない——多分それをしっかりとつきつめて行けば生まれて来たことそのことをかも知れない事を悔《く》ゆるような気持ちや…(中略)…淡くどす黒くごたごたと彼の心のなかを去来しているのを彼はただ手を束《つか》ねて凝視した。こうして精神の衰弱している彼は、いつも自分の精神状態の自脈を取っているのである。そうして自分以外の人間のことは、妻のことでさえ別だんに何も考える閑《ひま》はなかった。》——『都会の憂鬱』

やはり「彼」が、自らの過去のみを参照していることがわかる。また、〈わたし〉への関係づけ以外の、あらゆる情報が遮断されていることもわかる。妻に関してさえも、何も考えていないというのである。

ここで附記するなら、別の箇所で「彼」が、「或る性格にとっては自己譴責《けんせき》が享楽である事がある」と考える場面がある。これは、以前に記した、嗜癖性の表現そのものだ。

具体的な姿を引用してみよう。

《極く自然な順序としていつものとおり彼の考察は、自己批判のうちに進められた。漠然として途方もない自信が、今現に目に見えて掌中の砂のように刻々に失われてゆくのを彼は感ぜざるを得なかった。》

《そうして自分のごときは生涯の門出《かどで》でもう既に息がきれそうになっている。──人々が賛美する青春というものは今おれには我慢の出来ない一つの重荷である。》──前掲書

根拠のない自信が自己批判される。そして、門出が重荷になり、喪失が「極く自然」な感覚になっていく。これらが、「自己譴責が享楽である」という嗜癖性の意味だ。

つまり、「彼」の姿は、抑うつ型コミュニケーションの慢性化にほかならないといってよい。では、慢性化した抑うつ型コミュニケーションは、どこにも出口を持っていないのだろうか。

もう少しだけ、『都会の憂鬱』を読み進めていこう。

「彼」は、妻に疑惑を抱くようになる。妻が夜遅く帰宅した。また、妻の実家に呼ばれ仕方なく訪問すると、妻の母が下品な市松模様の着物を縫っていた。「彼」は、根拠が薄弱だと思いつつも、妻には男がいて、市松模様は男の好みではないかと思ってしまう。

しかし、「彼」は、次のように考えなおす――。

《自分を捨てて行くならば捨てて行くがいい。自分とてもまたそれを追っかけるだけの執心《しゅうしん》はないであろう。それならば自分をこんなに悩ましているものは何であろう。やはり愛着ではないであろうか。それとも単に男性としての名誉を考えているのであろうか。どうも後者に近いように思える…（中略）…世俗的の名誉を壊すといういやしい憤りである。》――前掲書

十分に「いやしい」とわかっていながら、「単に男性としての名誉」だけのために、妻

を疑っている。ただし、根拠が薄弱であるという認識は失っていないから、嫉妬妄想(48)にまで発展しているわけではない。

しかし、妻という存在さえもが、ただ「彼」に関係づけられた範囲でしか、考慮にのぼっていないことは確かだ。つまり、ここでも「彼」の抑うつ型コミュニケーションは、出口を見出していないことになる。

その後、経済的貧困のために「彼」は、妻と暮らしていた家を引きはらい、妻は実家へ戻る。一方の「彼」は一人、下宿で暮らしはじめる。新聞記者の仕事を得るために、面接を受けても上手くいかない。そのとき、「彼」は、「そうだ。渚山を見舞ってやろう!」と思いつく――。

「渚山《しょざん》」とは、「彼」よりも年長で、かつては小説が評価されたこともあるが、いまは「何の誇張もなしに敗残者」と思われている男だ。

渚山はいま、病いのため入院中である。見舞いに訪れた「彼」を見て、渚山は次のように話しはじめる――。

《有難う。一時はひどく諸君子を煩《わずら》わせたものですが、ここへ来るとすぐよくなりましたよ。我々貧民には薬はなかなか利き目《き》があります。歩行ですか。それがどうも不自由なので多分もう永久に駄目でしょう。立派に廃人になったわけです。》——前掲書

これに対し、「彼」は問われるまま、新聞社における面接が上手くいかなかった様子などを語るだけで、二人のあいだには特段の内容を持った会話が、交わされるわけではない。

見舞いを終えた彼は、とぼとぼと歩きながら、自動車に轢かれそうになる。そして、「は！　気をつけなけりゃ。こんな時に人間は轢き殺されるのだ」と呟く——。

いったい、「彼」は抑うつ型コミュニケーションからの出口を、見出したのだろうか。見出したと思う。少なくとも、見出す糸口だけはつかんだと思う。「こんな時に人間は轢き殺されるのだ」という呟きは、いまや「彼」が、自らの生命を惜しむようになっている証左と考えて、間違いないからだ。「彼」は、過去から少しだけ離れて、現在の生命を考えたのである。

それでは、何が「彼」の抑うつ型コミュニケーションに、出口を与えたのか。

渚山との会話以外には考えられない。特段の内容を持った会話ではなくとも、「彼」の

〈世界〉の中に、「彼」以外の存在が現れた。一人「彼」しかいなかった〈世界〉が変容することによって、過去の〈わたし〉のみを参照するコミュニケーションもまた、変容を遂げはじめたのである。

抑うつ型コミュニケーションからの回復は、このように、〈世界〉の中に〈わたし〉以外の存在が引き寄せられた結果、〈わたし〉が現在の〈わたし〉を参照しうるようになることによって、もたらされる。

このときに引き寄せられる関係としては、年上の「敗残者」こそがふさわしい。このような関係は、支配―被支配の関係でも競争の関係でもない、ナナメの関係(49)だからである。ナナメの関係によって、過去の〈わたし〉に停留していた〈わたし〉が、現在へと引き上げられたのである。

（48）配偶者が浮気をしているに違いないと信じこむ妄想。相手に自白を強いることが多い。

（49）精神科医の笠原嘉は、かつての五月病（スチューデント・アパシー）の学生にとって最も必要な人間関係は、叔父―甥に相当するナナメの関係であり、しかも叔父に相当する人物は「無用者」の方がよいと述べた。この視点は、いわゆる引きこもりに関しても有用である。

第七章のまとめとキーワード

互いの過去へと遡及するコミュニケーションを、抑うつ型コミュニケーションと名づけることができる。もはや明らかなように、このようなコミュニケーションこそが、〈あなた〉から離れて解決不能な〈世界〉および〈わたし〉を問う形態の、行きつく先であった。

抑うつ型コミュニケーションにおいては、〈わたし〉は過去の〈わたし〉と過去の〈あなた〉を、参照しているだけである。また、抑うつ型コミュニケーションには、嗜癖性がある。それは、過去の〈わたし〉が、過去の〈あなた〉に留まりつづけることを意味する。

抑うつ型コミュニケーションの、より進行した形態においては、〈わたし〉は過去の〈わたし〉のみを参照するとともに、あらゆる情報は〈わたし〉に関係づけられて思考される。さらに、抑うつ型コミュニケーションの〈世界〉には、人間が〈わたし〉一人しか存在しない。しかも、その〈わたし〉は、等身大の〈わたし〉ではなく、過大にまたは過小に変形された〈わたし〉である。

抑うつ型コミュニケーションからの出口は、〈世界〉の中に〈わたし〉以外の存在が引き寄せられた結果、〈わたし〉が現在の〈わたし〉を参照しうるようになることによって、出現する。ナナメの関係が、過去の〈わたし〉に停留していた〈わたし〉を、現在へ引き上げるのである。

キーワード：抑うつ型コミュニケーション　過去の〈わたし〉の参照　情報の〈わたし〉への関係づけ　抑うつ型コミュニケーションからの出口

第八章　〈世界〉のゆらぎ――『三四郎』と『行人』

統合失調型コミュニケーション

すでに見てきたように、抑うつ型コミュニケーションにおいては、〈世界〉の中に存在するのは〈わたし〉一人であった。そして、このような事態が発生する根拠は、〈あなた〉が成立しないまま、どこまでも過去を遡るという方法によって、〈わたし〉を求めようとする点にあった。

他方で、〈あなた〉が成立しないまま、〈世界〉を求める〈こころ〉の動きがある。このとき、〈世界〉の中に〈わたし〉は存在しない。そのため、あらゆる事象は他者に関係づけられて解釈される。これもまた、〈あなた〉から離れて解決不能な〈世界〉および〈わたし〉を問う形態の、もう一つの行きつく先であるといいうる。

例を挙げながら、具体的に説明してみよう。

三・一五共産党大検挙[50]を扱った、小林多喜二の小説には、組合員の工藤と妻のお由が三人の子どもと暮らす家に、警官が踏み込む場面が描かれている。検束されていく工藤を見送りながら、お由は次のように考える――。

《自分たちの社会が来るまで、こんな事が何百遍あったとしても、足りない事をお由は知っていた。そういう社会を来させるために、自分たちは次に来る者たちの「踏台」になって、さらし首にならなければならないかも知れない。》――『一九二八・三・一五』

プロレタリア文学であることを勘定に入れても、このような〈こころ〉の動きは、あまりにも表面的というしかない。ここには、「自分たちの社会」（傍点は引用者）はあっても、社会の中の自分は描かれていない。つまり、〈世界〉の中に〈わたし〉は存在しないのである。存在するものといえば、ただ「次に来る者」がいるだけであり、したがって、夫である工藤の姿に、「次に来る者」の姿が関係づけられているだけだ。

そのことは、やはり三・一五共産党大検挙に取材した、以下の中野重治の小説と比較してみれば、よくわかる。

三月一五日に、赤ん坊を連れた両親が警察へ連行された。赤ん坊の様子がおかしくなったため、母親は、医者を呼んでくれと叫んだ。赤ん坊は、両親とともに家へ帰された。しかし、母親が危篤を知らせる電報を打ちに行っているあいだに、赤ん坊は命を落とした——。

《しかし腹も立たなかった。いま母親の思っていたことは、生から死へ移って行ったわが児を国法の外に支えることだった。昼めしのあとで父親が、親子三人で写真を撮りたいがいいかと警察の者にきいた。》——『春さきの風』

「国法の外」という硬い表現はあっても、どちらの小説が優れているかは一目瞭然だ。国法の外に、かけがえのない自分たちと自分たちの赤ん坊の〈世界〉がある。そのことを、母親も父親も、よく自覚している。だから、たとえ、写真の中であったとしても、その〈世界〉には、〈わたし〉がいて夫と赤ん坊が存在する。

だが、すでに指摘したように、中野重治の描いた〈世界〉に較べると、小林多喜二の作品に見られる〈世界〉には、〈わたし〉は存在せず、ただ抽象的な未来が言及されているだけである。

未来を参照するために、〈世界〉の中の〈わたし〉が消え去ってしまうコミュニケーションを、統合失調型コミュニケーションと名づけることにする。このようなコミュニケーションにおいては、情報は、〈わたし〉にではなく、すべて他者に関係づけられることになるだろう。

(50)　一九二八年三月一五日に行なわれた、一〇〇〇人を超える共産主義者らの一斉検挙。

統合失調型コミュニケーションの諸相（1）

統合失調型コミュニケーションは、精神病としての統合失調症そのものではない。〈わたし〉が不在になり、空洞と化した〈世界〉が出現するようなコミュニケーションは、統合失調症を発症しているか否かにかかわりなく、出現しうる。あえて「統合失調型」と呼ぶ理由は、前項で予告したような、情報の他者関係づけが生じるからである。

例を挙げてみよう。

夏目漱石[51]の小説『三四郎』は、小川三四郎という名の青年が、熊本から汽車に乗って上京するシーンから始まる。それからの展開は、以下の通りだ。

上京した三四郎は、大学の近くの池の端に佇む女を見かけた。その後、三四郎が野々宮という男の家を訪問したとき、野々宮宛の電報が彼の妹から届いた。彼の妹は入院中で、電報には「すぐ来てくれ」と書いてあった。野々宮は、気乗りしないながらも出かけることにして、三四郎に対し、留守番のため「泊ってくれまいか」と頼んだ。

その夜、三四郎は、「あああ、もう少しの間だ」という声と列車の音で目覚めた。外へ出た三四郎は、若い女の轢死体を見た。このとき三四郎は、上京する列車の中で出会った男（広田先生）の言葉を思い出した。

広田先生は、水密桃を食べながら「レオナルド・ダ・ヴィンチと云う人は桃の幹に砒石（ヒ素を含む鉱物・引用者註）を注射してね、その実へも毒が回るものだろうか、どうだろうかと云う試験をした事がある。ところがその桃を食って死んだ人がある。危険い。」と、しきりに語っていた。

それを聞いていた三四郎は、「自分は危なくない地位に立っていれば、あんな男にもなれる」と考え、未来はそのような存在になろうとさえ思ったのだった。

そこへ野々宮から、「妹無事、明日帰る」という電報が届いた。三四郎は安心して床に入ったが、彼の見た夢はすこぶる危険であった――。

《轢死を企てた女は、野々宮に関係のある女で、野々宮はそれと知って家へ帰って来ない。只三四郎を安心させる為に電報だけ掛けた。妹無事とあるのは偽《いつわり》で、今夜轢死のあった時刻に妹も死んでしまった。そうしてその妹は即ち三四郎が池の端《はた》で逢った女である。》――『三四郎』

夢とはいえ、三四郎にとっては他者に過ぎない野々宮に、すべてが関係づけられていることがわかる。同時に、関係づけられた女性には死がもたらされている。

ただし、漱石の記述には、いつも病的になりすぎないよう、解釈の余地が残されている。この場合でいうなら、三四郎は、未来においては「危なくない地位」にのぼりつめようと考え、その未来を危険に陥れる可能性のある池の端の女と野々宮の妹を、予め排除しようと試みているという解釈だ。

しかし、そう解釈するにしても、二人の女を轢死体に結びつけるばかりか、他者である野々宮に関係づける思考は、いかにも極端であるばかりでなく、合理性を著しく欠いている。轢死体と野々宮の妹とを結びつける根拠も、池の端の女と結びつける根拠も、女であるという以外は皆無であるからだ。

ここで、第二章で指摘した内容を繰り返すなら、この場面の前に、三四郎は、汽車に乗り合わせた女と途中下車した名古屋で同宿しながら、指を触れることさえできず、「あなたは度胸のない方ですね」と一刀両断にされている。つまり、年上の女性から別れを告げられている。しかし、若い池の端の女は、その姿を見かけたばかりだから、野々宮の家を訪問した時点では、当然にも未だ別れは告げられていない。

二人の〈あなた〉からの別れを通じて、はじめて〈世界〉と〈わたし〉へ向かい合う資格を手に入れることができるという公理を前提にする限り、三四郎は未だその資格を得ていない段階にあるということだ。だからこそ、〈世界〉を構成しようにも、三四郎は、情報を〈わたし〉にではなく、他者である野々宮に関係づける以外にないのである。

このように、**情報を〈わたし〉にではなく、すべて他者に関係づける構造は、統合失調型コミュニケーションと呼ばれるにふさわしい。なぜなら、そのときの他者関係づけは、合理性を著しく欠いた関係づけだからである。**

〈あなた〉からの別れを十分に経験しないまま、未来について言及しようとするならば、必然的に合理性とは遠い、統合失調型コミュニケーションを採用してしまうことになるといってよい。

（51）なつめそうせき（一八六七―一九一六）：明治の文豪。『吾輩は猫である』『坊っちゃん』をはじめ、第二章でも触れた『三四郎』や、『それから』『門』など、広く愛読されている作品が多い。

統合失調型コミュニケーションの諸相（2）

漱石の別の小説にも、同様の構造を持った場面がみられる。たとえば、『行人』の冒頭には、「自分」（二郎）が、入院中の三沢という人物を見舞う場面が描かれている。三沢が入院している病院に、「あの女」も入院していた。「あの女」とは、三沢が入院前に茶屋で出会った芸者で、三沢も「あの女」も、ともに胃が悪かった。それにもかかわらず、三沢は酒を飲み、「あの女」にも酒を強いた。ほどなく、三沢は胃を悪くして入院した。同じく、「あの女」もまた、潰瘍のため血を吐いて入院したのだった。

退院する際に、三沢は、入院を続けている「あの女」を見舞った。見舞いの後、三沢は「自分」に、「あの女はことによると死ぬかも知れない。死ねばもう会う機会はない。万一癒るとしても、矢っ張会う機会はなかろう」と語りかけた。

そのとき、三沢が打ち明けた話は、「自分」を驚かせた。その話が、「あの女」と何の関係もなかったことが、意外だったからだ。

三沢の話は、精神異常のある「娘さん」についてだった。「娘さん」は、嫁ぎ先の事情から夫の家を出されることになったが、実家にも複雑な事情があったため、三沢の父が彼女を預かることになったという。「娘さん」は、三沢が外出しようとすると、必ず「早く帰ってきて頂戴ね」と、三沢に言葉をかけた。「娘さん」の態度が露骨なので、三沢の父も母も苦い顔をするし、台所の者はくすくす笑った。

三沢は、たとえ精神異常であっても、「娘さん」のことを気に入るようになっていった。しかし、「娘さん」は、病院へ入れられ死んだ。ちなみに、三沢が「娘さん」のことを思い出したのは、「あの女」の顔が「娘さん」とよく似ていたからだ——。

この場面では、「あの女」および「娘さん」という二つの情報が、強引といえるほどに結びつけられて、語られていることになる。しかし、「あの女」をめぐる情報と「娘さん」をめぐる情報との間には、ただ顔が似ているという、とってつけたような説明が介在しているだけだ。

否、もう一つだけ、類似点がある。それは、「あの女」が死へ向かいつつあり、「娘さん」はすでに死亡しているという事実だ。

いったい、このような結びつきは、どのような構造を持っていると、考えるべきだろうか。

第一に、「あの女」の未来が、死という姿で参照されている。しかし、それは厳密にいうなら、未来の三沢が「あの女」と会う機会はないという意味だから、三沢自身の未来が言及されているということになる。

第二に、「娘さん」と「あの女」が、かすかな類似性を介して、互いに関係づけられている。それは、三沢にとっての他者に、別の他者の情報が関係づけられているということを意味する。つまり、前項で明らかになった、統合失調型コミュニケーションの構造そのものである。

ところで、このエピソードには、後日談がある。三沢が「娘さん」の葬儀に参列したときの様子を、「自分」に語る場面だ。三沢は、「娘さん」の親や親類、そして離婚した元夫までもが、本当に涙を流さないばかりか、「娘さん」を不幸にした原因は三沢にあると思っていると、憤慨するのだ——。

《馬鹿《ばか》にも程があるね。露骨にいえばさ、あの娘さんを不幸にした原因は僕にある。精神病にしたのも僕だ、とこうなるんだね。そうして離別になった先の亭主は、まるで責任のないように思っているらしいんだから失敬じゃないか。》――『行人』

この三沢の語りは、彼が幸いにも精神病の水準に陥らずに済んでいることを、示している。ちょうど、「娘さん」の親や元夫が、「娘さん」の死を自分たちの所業と結びつけて考えていないように、三沢もまた「娘さん」の死を、自分とは結びつけていないからだ。

仮に、三沢が精神病の水準に陥っていたならば、「娘さん」の死を、三沢自身を追いつめるものとして、位置づけるだろう。

より詳しく述べるならば、次のようになる。

まず「娘さん」の死が〈世界〉の中で定位されるために、さまざまな情報が「娘さん」と関係づけられるだろう。たとえば、「娘さん」は、三沢を陥れるために、親や元夫によって三沢の家に送り込まれたのだ、というように。

つぎに、そうやって構成された〈世界〉が、三沢の未来を圧迫し滅びさせるものとして、現れるだろう。すなわち、典型的には迫害妄想の形をとるだろう。

こうして、三沢の〈わたし〉が〈世界〉によって閉ざされていくと、**統合失調型コミュニケーションは、〈わたし〉の未来を圧迫することになる。そして、そうであるがゆえに、精神病としての統合失調症そのものへと近づいていくのである。**

だが、すでに述べたように、三沢はその水準からは、程遠い位置にとどまっていた。

ゆらぎの進行

三沢とは異なり、『行人』における「自分」(二郎)の兄一郎は、はるかに精神病の水準に近づきつつあった。

たとえば、一郎はテレパシーの研究に熱中していた。妹を書斎の外に立たせて、自分で自分の腕をつねり、「今兄さんは此処を抓《つね》ったが、お前の腕も其処が痛かったろう」と尋ねた。また、一人で茶を飲みながら「お前の喉は今何か飲む時のようにぐびぐび鳴りやしないか」と質問した——。

これだけなら、他愛ないエピソードに過ぎない。

しかし、一郎は、彼の妻が彼の弟(二郎)に愛情を寄せているのではないかという、疑念を抱いていた。そのため、弟に対し、妻の貞操を試すために、弟が一郎の妻と一緒に、和歌山の宿で一晩を過ごすよう頼むのだった――。

これを、単純に、一郎が抱いた嫉妬妄想と断ずることはできない。なぜなら、一郎が弟に向かって、「現在自分の眼前に居て、最も親しかるべき筈《はず》の人、その人の心を研究しなければ、居ても立ってもいられないような必要に出遭《であ》った事があるか」と問いかけている場面があるからだ。つまり、一郎にとって妻は、すでに〈あなた〉ではなく、研究対象としての他者になっているということだ。

他者である(〈あなた〉ではなくなった)妻を、同じく他者である弟に関係づける。そして、それらの他者から構成される〈世界〉が、〈わたし〉としての一郎の〈こころ〉を苦しめている。

このような構造は、一郎の未来を閉ざし圧迫するものだ。そうであるがゆえに、統合失調型コミュニケーションが、精神病としての統合失調症へと近づいている過程を、物語っていることになる。

さて、一郎の家族、とくに母親は、一郎のために家の空気が湿っぽくなることを、辛がるようになっていた。家族には、一郎に対する不平と心配の、両方があった。「要するに兄(一郎のこと・引用者註)の未来は彼等にとって、恐ろしいX《エッキス》であった」というのである。

そこで、家族は一郎に旅行をすすめ、一郎と親密な「Hさん」に同行を依頼した。Hさんは、一〇日間にわたって、一郎とともに旅をして、さまざまな話を一郎から聞いた。そのHさんから届いた分厚い手紙には、次のような内容が記されていた。

・一郎は、何をしていても、こんなことをしてはいられないという気分に、追いかけられている。自分のしていることが目的《エンド》になっていないし、方便《ミインズ》にもならないと、不安がっている。そして、怖がっている。

・一郎は、眠れないで困っている。また、一郎の口から、Einsamkeit, du meine Heimat Einsamkeit!（孤独なるものよ、汝《なんじ》はわが住居《すまい》なり）というドイツ語を聞いた。

・一郎は、親しい私（Hさんのこと・引用者註）に対して疑念を持ち、それ以上に家族を疑っている。妻の頭を叩いたことさえあるという。

・一郎は、死ぬか、気が違うか、宗教に入るかの三つしかないと考えている。

・Hさんは、「君の智慧《ちえ》は遥《はるか》に僕に優《まさ》っている。僕には到底《とて》も君を救うことはできない」「君は痩《や》せて丈が長く生まれた男で、僕は肥《こえ》てずんぐり育った人間なんだ」と、一郎に向かって言った——。

このようにたどってくると、どこにも出口が見出せないように映る。まさに、**統合失調型コミュニケーションが、未来を塞ぎ圧迫する方向へ、進行しているというしかない。進行とは、いうまでもなく、他者関係づけが複雑化しつつあるということだ。**そして、進行から精神病の発症へと至る過程を止めるためには、死か宗教しかないという地点にまで、追いつめられる事態が生じているのである。

ゆらぎからの反転

だが、転機が、微細なやりとりから訪れることになる。

一郎が、蓮の根に這っている小さな蟹を、見つめていたときのことだ。一郎がこんなささいなことに気をとられて、ほとんど我を忘れるのを見たHさんは、愉快な気持ちになる。そして、一郎に語りかける——。

《「先刻《さっき》君は蟹を所有していたじゃないか」…(中略)…「絶対に所有していたのだろう」…(中略)…「つまり蟹に見惚れて、自分を忘れるのさ。自分と対象とがぴたりと合えば、君の云う通りになるじゃないか」

「そうかな」

兄さん（一郎のこと・引用者註）は心元なそうな返事をしました。

「そうかなって、君は現に実行しているじゃないか」》――前掲書

修善寺で一郎が、冗談のつもりなのか、百合を指差して「あれは僕の所有だ」と言い、森や谷を指して「あれ等も悉《ことごと》く僕の所有だ」と言っていたのを思い出して、Hさんは「所有」という言葉を使ったのだった。

それにしても、「所有」とは何を意味しているのか。そして、「自分と対象とがぴたりと合う」とは、どういうことなのか。

それは、とりもなおさず、情報を他者に関係づけるのではなく、情報を現在の〈わたし〉に引き戻して参照するということにほかならない。だから、この時点で一郎は、未来を参照するがゆえに〈世界〉の中で〈わたし〉が消え去ってしまう、統合失調型コミュニケーションから脱するための、端緒を手に入れたことになる。

ところで、Hさんの年齢が、一郎と較べてどうなのかはわからない。ただ、会話における対等な口調から察するなら、Hさんの自然年齢は、おそらく一郎とほとんど同じなのだ

ろう。つまり、暦の上の年齢では、ナナメの関係とはいえないことになる。

しかし、「肥てずんぐり育った人間」であるHさんは、「痩せて丈が長く生まれた」一郎にとっては、いわば無用者である。その無用者が、偶然に蟹を見つめる一郎の姿をとらえて、正しく評価しえたことは注目されてよいだろう。説教によって引き上げようとする人間や、競争の関係にある人間であったなら、Hさんのように振舞うことはできないはずだからだ。

その意味で、Hさんは、暦の上の年齢は別にして、一郎にとってのナナメの関係を、構成する資格を有していたことになる。

ちなみに、分厚い手紙の最後に、Hさんは以下のように記している。

《この十日間の兄さんが、未来の十日間にどうなるかが問題で、その問題には誰も答えられないのです。…(中略)…兄さんはぐうぐう寐ていました。この手紙を書き終る今も亦ぐうぐう寐ています。》——前掲書

未来ばかりを参照する統合失調型コミュニケーションが、いかに一郎の〈こころ〉をむしばみつつあったかを、Hさんはよく知っていた。だからこそ、未来ではなく現在「ぐう

ぐう寝て」いることを、何よりも喜んでいるのだ。

統合失調型コミュニケーションの〈世界〉を、現在の〈わたし〉へ向けて反転させるには、やはりナナメの関係が必要だったのである。

第八章のまとめとキーワード

未来を参照するために、〈世界〉の中の〈わたし〉が消え去ってしまうコミュニケーションを、統合失調型コミュニケーションと名づけることができる。

このようなコミュニケーションにおいては、情報は〈わたし〉にではなく、すべて他者に関係づけられる。また、そのときの他者関係づけは、合理性を著しく欠いた関係づけである。

〈わたし〉が〈世界〉によって閉ざされていくと、統合失調型コミュニケーションは、〈わたし〉の未来を圧迫し、精神病としての統合失調症そのものへと近づいていく。

情報を他者に関係づけるのではなく、現在の〈わたし〉に引き戻して参照することによって、統合失調型コミュニケーションから脱するための端緒を、手に入れることが可能になる。統合失調型コミュニケーションの〈世界〉を、現在の〈わたし〉へ向けて反転させるには、ナナメの関係が必要になる。

キーワード：統合失調型コミュニケーション　未来の〈わたし〉の参照　情報の他者関係づけ　統合失調型コミュニケーションからの反転

引用文献

原田純『ねじれた家 帰りたくない家』(講談社)

I

ちくま日本文学3『宮沢賢治』(筑摩書房)
『宮沢賢治全集I』(ちくま文庫)
世界の大思想II-四『マルクス経済学・哲学論集』(河出書房)
ゴールディング『蝿の王』(平井正穂訳、新潮文庫)
ゴールズワージー『リンゴの木』(三浦新市訳、角川文庫)

II

太宰治『晩年』(新潮文庫)
エリクソン『アイデンティティ』(岩瀬庸理訳、金沢文庫)
太宰治『人間失格』(新潮文庫)
ウェッブ『卒業Part 2』(羽田詩津子訳、白夜書房)
エリクソン&エリクソン『ライフサイクル、その完結』(村瀬孝雄・近藤邦夫訳、みすず書房)
トーマス・マン『ワイマルのロッテ』(望月市恵訳、岩波文庫)

Ⅲ

ドストエフスキー『罪と罰』1〜3（亀山郁夫訳、光文社古典新訳文庫）
ドストエフスキー『賭博者』（原卓也訳、新潮文庫）
ドストエフスキー『カラマーゾフの兄弟』1〜5（亀山郁夫訳、光文社古典新訳文庫）
ドストエフスキー『二重人格』（小沼文彦訳、岩波文庫）
村上龍『メランコリア』（集英社文庫）
佐藤春夫『田園の憂鬱』（新潮文庫）
佐藤春夫『都会の憂鬱』（河出書房日本文学全集19）
小林多喜二『蟹工船　一九二八・三・一五』（岩波文庫）
中野重治『村の家　おじさんの話　歌のわかれ』（講談社文芸文庫）
夏目漱石『三四郎』（新潮文庫）
夏目漱石『行人』（新潮文庫）

後記

経済社会はバブルがはじけて久しいのに、〈こころ〉をめぐる言説のバブルは終息を知らない。精神医学・心理学から精神世界まで、それらは無限の流砂のように、数えきることさえ不可能なほどだ。即効性のみを求めて、実は何の効果もなく消え去る姿は、まさにバブルの名にふさわしい。

そんな中で、二〇〇九年三月二〇日から二一日にかけて、「障害者と支援者をつなぐエンパワメント・プランニング協会（ＥＰＯ）」という団体が、「こころでわかる支援者エンパワメントセミナー」と題された連続講座を、大阪で開催した。

第一日目には、浜田寿美男による講演（「分からなさを分かるために」）と、村瀬学による講演（「測りそこねの人間観」）があり、第二日目には、私（高岡）の講演に引き続いて、浜田・村瀬・高岡の三人によるシンポジウムを行なうという企画だった。即効性のみを求めがちな運動とは一線を画した、大胆な企画だったと思う。

私は、事情があって、第一日目の集まりに参加できなかった。そのため、浜田と村瀬の講演を聴かないまま、第二日目に勝手な話をして、すぐにシンポジウムへと臨むしかなかった。このような非礼を、わずかでも補おうとして、私は大阪へ向かう列車の中で、主催者による講座のための案内状を読んだ。

浜田の講演は、おそらく〈わたし〉論であろう。そして、村瀬による講演は、たぶん〈あなた〉論なのではないか。だとすると、私は〈世界〉論を語るしかない。そこまでは、容易に見当がついた。

だが、〈わたし〉と〈あなた〉と〈世界〉が、〈こころ〉の三つの曲面を規定しているにしても、それぞれの間には、どのような相関が横たわっているのか。また、それらが生成し、成長し、そして消滅する軌跡は、どのように描きだされるのか。そして、その軌跡は、線形数学で解きうるものなのか。

これらの疑問に対する回答へ近づこうとして、新たに書き下ろされたものが本書である。もちろん、主催者・各シンポジスト・一人ひとりの聴衆の思いが、互いに異なるのと同じく、私の〈こころ〉学も、それらの人々の考えと同一ではない。

だが、精神医学とも心理学とも位相を異にする〈こころ〉学が、多少とも普遍的な拡がりと、個別的な深みに接近することができているなら、それは、この日の主催者、シンポジスト、そして参加された聴衆からの、多大な示唆に拠っている。

最後に。

本書の企画から刊行まで、すべてにわたって尽力いただいたのは、青灯社の辻一三さんである。同社のラインナップに本書が加わることを、嬉しく思う次第だ。

二〇〇九年秋

高岡　健

カバーの著者顔写真提供／ウェイツ

高岡 健（たかおか・けん）現在、岐阜大学医学部准教授。精神科医。日本児童青年精神医学会評議員。一九五三年徳島県に生まれる。岐阜大学医学部卒業。岐阜赤十字病院精神科部長を歴任。主な著書『人格障害論の虚像』『新しいうつ病論』『別れの精神哲学』（以上、雲母書房）『引きこもりを恐れず』『時代病』（吉本隆明氏と共著）『こころ「真」論』（宮台真司氏らと共著）（以上、ウェイツ）『孤立を恐れるな！』『学校の崩壊』（以上、編著、批評社）ほか

16歳からの〈こころ〉学
――「あなた」と「わたし」と「世界」をめぐって

2009年10月30日　第1刷発行

著者　高岡 健

発行者　辻一三

発行所　株式会社青灯社
東京都新宿区新宿1－4－13
郵便番号160－0022
電話03－5368－6923（編集）
　　03－5368－6550（販売）
URL http://www.seitosha-p.co.jp
振替　00120－8－260856

印刷・製本　株式会社シナノ
© Ken Takaoka 2009, Printed in Japan
ISBN978-4-86228-035-0 C0011

小社ロゴは、田中恭吉「ろうそく」（和歌山県立近代美術館所蔵）をもとに、菊地信義氏が作成

●青灯社の本●

「二重言語国家・日本」の歴史 石川九楊 定価2200円＋税
脳は出会いで育つ ――「脳科学と教育」入門 小泉英明 定価2000円＋税
高齢者の喪失体験と再生 竹中星郎 定価1600円＋税
「うたかたの恋」の真実 ――ハプスブルク皇太子心中事件 仲 晃 定価2000円＋税
ナチと民族原理主義 クローディア・クーンズ 滝川義人 訳 定価3800円＋税
9条がつくる脱アメリカ型国家 ――財界リーダーの提言 品川正治 定価1500円＋税
新・学歴社会がはじまる ――分断される子どもたち 尾木直樹 定価1800円＋税
軍産複合体のアメリカ ――戦争をやめられない理由 宮田 律 定価1800円＋税
北朝鮮「偉大な愛」の幻（上・下） ブラッドレー・マーティン 朝倉和子 訳 定価各2800円＋税
ポスト・デモクラシー ――格差拡大の政策を生む政治構造 コリン・クラウチ 山口二郎 監修 近藤隆文 訳 定価1800円＋税

ニーチェ ――すべてを思い切るために：力への意志 貫 成人 定価1000円＋税
フーコー ――主体という夢：生の権力 貫 成人 定価1000円＋税
カント ――わたしはなにを望みうるのか：批判哲学 貫 成人 定価1000円＋税
ハイデガー ――すべてのものに贈られること：存在論 貫 成人 定価1000円＋税
日本経済 見捨てられる私たち 山家悠紀夫 定価1400円＋税
万葉集百歌 古橋信孝／森 朝男 定価1800円＋税
知・情・意の神経心理学 山鳥 重 定価1800円＋税
英単語イメージハンドブック 大西泰斗 ポール・マクベイ 定価1800円＋税
変わる日本語その感性 町田 健 定価1600円＋税
ユーラシア漂泊 小野寺 誠 定価1800円＋税
地震予報のできる時代へ ――電波地震観測者の挑戦 森谷武男 定価1700円＋税